MERIAN
Reiseführer

Sri Lanka

Martina Miethig | Elke Homburg

ZEICHENERKLÄRUNG

⭐ MERIAN TOP 10

🚩 MERIAN Empfehlungen

👁 Im Vorbeigehen
  entdeckt

PREISKLASSEN

Preise für ein Doppel-
zimmer mit Frühstück:

€€€€ ab 150 €

€€€ ab 80 €

€€ ab 40 €

€ bis 40 €

Preise für ein drei-
gängiges Menü:

€€€€ ab 15 €

€€€ ab 10 €

€€ ab 5 €

€ bis 5 €

AYUBOWAN, SRI LANKA!

KARTEN UND PLÄNE

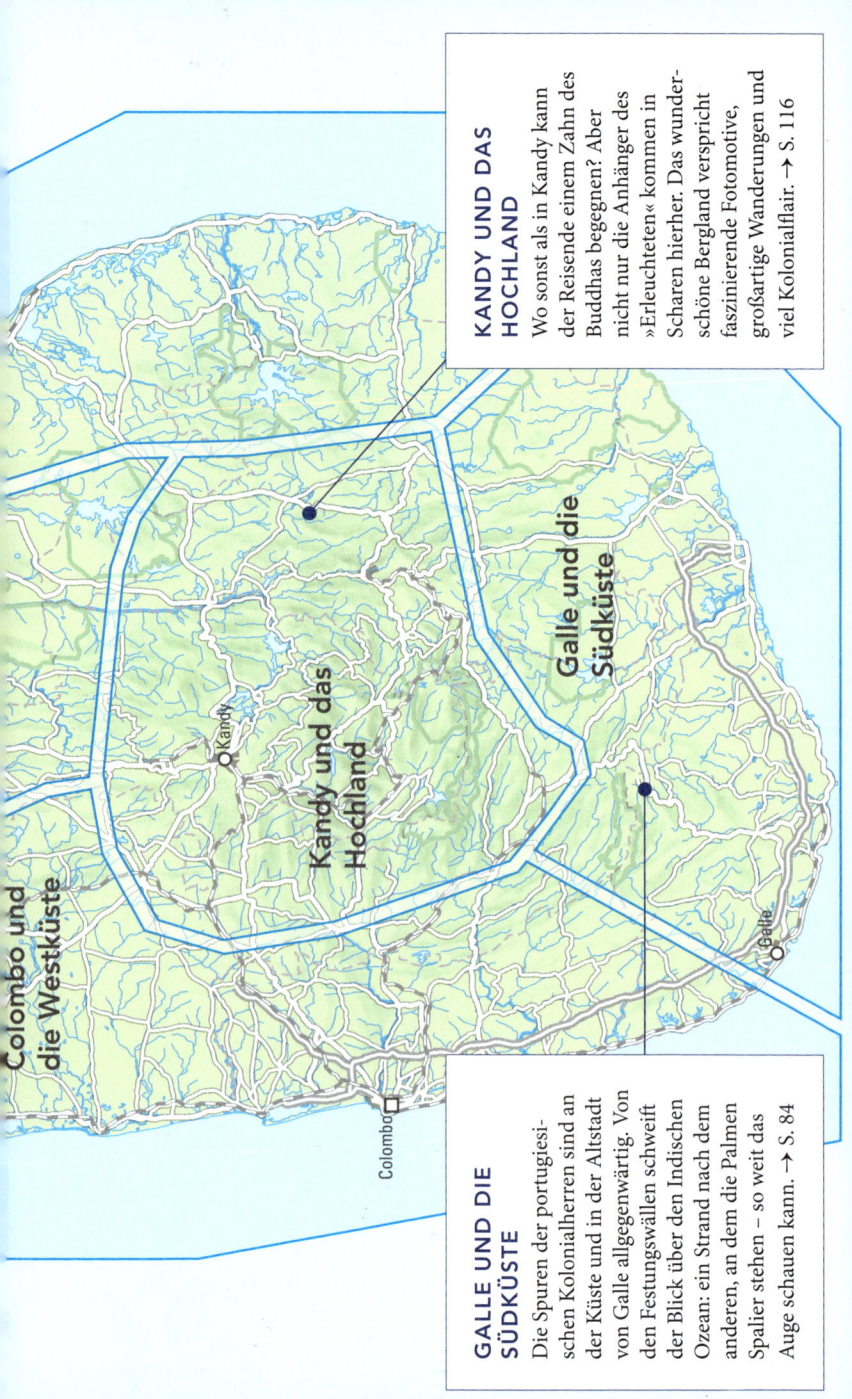

KANDY UND DAS HOCHLAND

Wo sonst als in Kandy kann der Reisende einem Zahn des Buddhas begegnen? Aber nicht nur die Anhänger des »Erleuchteten« kommen in Scharen hierher. Das wunderschöne Bergland verspricht faszinierende Fotomotive, großartige Wanderungen und viel Kolonialflair. → S. 116

GALLE UND DIE SÜDKÜSTE

Die Spuren der portugiesischen Kolonialherren sind an der Küste und in der Altstadt von Galle allgegenwärtig. Von den Festungswällen schweift der Blick über den Indischen Ozean: ein Strand nach dem anderen, an dem die Palmen Spalier stehen – so weit das Auge schauen kann. → S. 84

Colombo und die Westküste

Galle und die Südküste

Kandy und das Hochland

Kandy

Galle

Colombo

DIE THEMEN DER INSEL

Nostalgische Zeitreisen 16 | Unruhige Zeiten im Paradies 22 | Film-
schauplatz Sri Lanka 32 | Ayurveda – eine 3000 Jahre alte Heilkunst 40 |
Der Bandaranaike-Clan 68 | Das Geschäft mit den Dickhäutern 82 | Im
Gewürzgarten 100 | Auf den Spuren Hermann Hesses 126 | Zur Teeprobe
ins Hochland 132 | Pilgerziel Adam's Peak 140 | Ein Leben im Felsenklos-
ter 190 | Mit dem Zug durch die Berge 198

TOUREN, AUSFLÜGE UND WANDERUNGEN

Höhepunkte Sri Lankas – Kultur und Natur 194 | Von Kandy ins Hoch-
land – Auf den Spuren des Ceylontees 200 | Königliche Spuren – Polon-
naruwa mit dem Fahrrad erkunden 202 | Horton Plains – Das »Ende der
Welt« erwandern 204

MEIN SRI LANKA

Unsere Autorin hat auf Sri Lanka die heiligsten Berge im Pilgerstrom bestiegen und versteckte Höhlenbuddhas besucht, wandelte im Meditationskloster in den Fußstapfen des »Erleuchteten« und nahe Kandy auf den Spuren Hermann Hesses. 30 Jahre hält die Insel sie jetzt schon in ihren Bann.

Eine Woche in einem Meditationscenter in den sri-lankischen Bergen. Punkt 4 Uhr 45. Dumpf dröhnen die Schläge der hölzernen Glocke über die Teeplantagen und reißen jedes Lebewesen gnadenlos aus dem Schlaf. Außerhalb der spartanischen Unterkunft, dem Kuti-Holzverschlag, ist es stockduster, kalt und feucht. Die Meditationshalle ist schwach erleuchtet vom Schein dreier winziger Kerzen. Sie flackern zu Füßen des weißen Buddhas auf dem Altar und geben dem Erleuchteten tatsächlich ein erleuchtetes Antlitz. Der betörende Geruch von Sandelholz streift meine Nase, während ich wie die anderen Teilnehmer Kissen unter Knie und Pobacken stopfe, bis die bequemste Position für die Vipassana-Meditation gefunden ist.

Die Insel fordert gnadenlos alle Sinne. Sie kann laut, voll und hektisch sein. Aber auch besinnlich-betörend wie der Duft einer Frangipani-Blüte und mitreißend wie die Ozeanwellen an der Westküste. Sri Lanka begeistert als tropisches Bilderbuch mit endlosen Stränden, üppig-grünem Dschungel und einer 2500 Jahre alten Zivilisation. Der tief verwurzelte Glaube ist allgegenwärtig: Wo sonst kann man an einem Tag eine buddhistische Dagoba, einen Hindu-Tempel, eine Kirche und eine Moschee besuchen? Die Insel ist Garant für kleine und große Abenteuer – ob mit dem Raft über Stromschnellen oder mit dem Zug durch eine atemberaubende Berglandschaft. Und welch unvergessliche Begegnungen mit liebenswürdigen Menschen: Hier traf ich den wohl ältesten Hotelportier der Welt (der noch dem »Bond-Girl« Ursula Andress die Tür aufgehalten hatte), trank Tee mit traditionellen Puppenspiel-Meistern, Maskenschnitzern und Batikerinnen. Ich erfuhr so viel Wis-

Fischerboot an der langen Sandbucht von Weligama. Der Name des Orts im Süden der Insel bedeutet so viel wie »Sanddorf«.

senswertes und Erstaunliches bei meinen Gesprächen, etwa mit einem Kokosnusspflücker und den Teepflückerinnen, führenden Ayurveda-Heilern, Meeresschildkrötenschützern, buddhistischen Nonnen und greisen, aber weisen Äbten.

Seit 2009 ist der fast drei Jahrzehnte dauernde Bürgerkrieg zwischen Tamilen und Singhalesen auf der tränenförmigen, aber auch tränenreichen Insel im Indischen Ozean nun schon vorbei. Den Sri Lankern ist der anhaltende Frieden in ihrem »Leuchtenden Land« von ganzem Herzen zu wünschen.

Martina Miethig reist seit 1991 nach Sri Lanka. Wie kein anderes Land hat die Insel die Leidenschaft der ausgebildeten Journalistin für Asien entfacht. Ihre Reportagen und Bücher führen die Leser ins Innenleben der sri-lankischen Gesellschaft. Eine Einstimmung bietet auch www.martina-miethig.com.

Die beeindruckende, rund 12 m hohe, stehende Buddha-Statue in Aukana im Zentrum des Landes ist eine beliebte Touristenattraktion (s. S. 156).

DER ERSTE BLICK AUF SRI LANKA

★ MERIAN TOP 10

Das sind sie – die Sehenswürdigkeiten, für die Sri Lanka weit über seine Grenzen hinaus bekannt ist.

1 Galle
Altstadt aus der Kolonialzeit, die man auf Spaziergängen erkunden kann. Hier bummelt man durch die Gassen mit kleinen Herbergen und Läden, Cafés und Lokalen – und fühlt sich dabei wie ein alter holländischer Seefahrer. → S. 86

2 Elephant Transit Home
Ein echtes (!) Waisenhaus: lauter Elefantenbabys in der einzigen Auswilderungsstation des Inselstaats. Im Sinne des Tierschutzes wird hier nicht gestreichelt, nur fotografiert. → S. 112

3 Sri Dalada Maligawa (Zahntempel), Kandy
Der Eckzahn Buddhas ist Sri Lankas Nationalreliquie und lockt Pilgerscharen in den Zahntempel der Königsstadt Kandy. Alle drängen sich, um das hochverehrte Heiligtum wenigstens einmal im Leben zu sehen. → S. 119

4 Botanischer Garten von Peradeniya, Kandy
Einer der schönsten Gärten Asiens mit schattigen Wegen durch die Tropenflora. Gigantische Banyantrees, beeindruckende Palmenalleen und ein Orchideenhaus. → S. 121

5 Teeplantagen, Nuwara Eliya
Wie ein grüner Teppich: Teebüsche im Hochland und der weltberühmte Ceylontee künden von der alten britischen Tradition, ebenso die vielen Teefabriken. → S. 130

6 Sinharaja Rainforest
Längst kein Geheimtipp mehr: der letzte originale Dschungel Sri Lankas mit einmaliger Flora und Fauna, den man bei Tagesexkursionen erwandern kann. → S. 144

Eine der großen Teeplantagen in der Nähe von Nuwara Eliya, einer Kleinstadt im Hochland. Tamilinnen machen die schwere Erntearbeit für wenig Geld.

7 Anuradhapura
Pilgerziel Nummer eins: der Ableger des Bodhi-Baumes, unter dem Buddha Erleuchtung erlangte. Bei der Puja-Zeremonie werden alte Zeiten lebendig. → S. 148

8 Sigiriya
Die berühmten »Wolkenmädchen« und die Aussicht entschädigen für den schweißtreibenden Aufstieg auf den 200 m hohen Monolithen. → S. 159

9 Polonnaruwa
Paläste, Tempel und die schönsten Buddha-Statuen der ganzen Insel warten hier auf Bewunderer aus aller Welt. → S. 163

10 Nilaveli Beach
Der womöglich inselschönste Strand: traumhaft zum Sonnen(baden), Schnorcheln und Whale Watching. Die längere Anreise an die Ostküste ist es wert. → S. 179

◤ MERIAN
EMPFEHLUNGEN

Ungewöhnliche Perspektiven, charmante Orte und feine Details versprechen besondere Augenblicke.

1 **Basarviertel Pettah, Colombo**
Einmal Treibenlassen – ein Erlebnis für alle Sinne. → S. 61

2 **Galle Face Hotel, Colombo**
Wenigstens für einen Cocktail zum Sonnenuntergang: das legendäre Kolonialjuwel. → S. 66

3 **Brief Garden, Beruwala**
Tropenzauber in einem verwunschenen Garten. → S. 73

4 **Deco on 44, Galle**
Eine Art-déco-Perle voller Charme und kulinarischen Leckerbissen. → S. 89

5 **Karuna's Cooking Class, Unawatuna**
Abstecher in den siebten Curry-Himmel. → S. 93

6 **No. 1 Dewmini Roti Shop, Mirissa**
Es muss nicht immer »Roti to go« sein. → S. 99

7 **Im Gewürzgarten**
Durch die Gewürzvielfalt Sri Lankas schnüffeln. → S. 100

8 **Bandarawela Hotel, Bandarawela**
Wie anno dazumal ein Teepflanzer: in stilvollem Ambiente mit Kaminfeuer und ceylonesischem Milchtee. → S. 135

9 **Kitulgala**
Dschungelfeeling, nicht nur für Hollywoodfans. → S. 137

Ein Mönch auf der Terrasse vor dem Galle Face Hotel in Colombo. Eine Übernachtung in der altehrwürdigen Herberge hat ihren Preis. Anschauen ist umsonst.

10 **Kloster Mihintale, Anuradhapura**
Eine fast magische Abendstimmung, wenn der Blick über die Dagobas in der Ferne schweift. → S. 151

11 **Heritance Kandalama, Sigiriya**
Ökohotels sind immer klein und unscheinbar? Das Kandalama beweist das Gegenteil – mitten im Dschungel! → S. 162

12 **Abgelegene Ruinen durchstreifen**
Wo sich Archäologie mit Spiritualität vereint. → S. 169

13 **Swami Rock und Tirukoneswaram Kovil (Koneswaram-Tempel), Trincomalee**
Für ein spirituelles Erlebnis muss es nicht die überfüllte Haupt-Puja im Zahntempel in Kandy sein. → S. 177

14 **Hideaway, Arugam Bay**
Ein verlockendes Frühstück und lukullische Fusion-Genüsse in einer hübschen Herberge. → S. 189

15 **Horton Plains**
Am »Ende der Welt« hat man zum Frühstücks-Picknick noch einen Wahnsinnsblick. → S. 204

SRI LANKA KOMPAKT

Daten und Fakten
Amtssprachen: Singhalesisch (indoarisch), Tamilisch (drawidisch), Verkehrssprache: Englisch
Analphabetenrate: ca. 9 %
Arbeitslosigkeit: etwa 4,2 %, aber hohe Jugendarbeitslosigkeit von rund 20 %
Bevölkerung: 75 % Singhalesen, 18 % Tamilen (davon 13 % Sri-Lanka-Tamilen, 5 % indischer Herkunft), 7 % Araber (»Moors«=Mauren), 1 % (Malaien, Burgher u. a.)
Bevölkerungsdichte: 333 Einw. pro km²
Bevölkerungswachstum: ca. 0,7 % pro Jahr
Einwohnerzahl: 21 Mio.
Fläche: 65610 km² (etwa die Größe Bayerns; 434 km Länge, 225 km Breite; 1400 km Küste)
Größte Stadt: Colombo (753000 Einwohner plus ca. 500000 Berufspendler, mit allen Vororten: ca. 1,5 Mio. im Großraum)
Höchster Berg: Pidurutalagala (2524 m)
Lage: zw. 80. und 82. Grad östlicher Länge und 5. und 10. Grad nördlicher Breite

Landbevölkerung: ca. 80 %
Längster Fluss: Mahaweli Ganga (331 km)
Lebenserwartung: 74,6 Jahre
Nationalparks: 23 und mehr als 90 Naturschutzgebiete
Pro-Kopf-Einkommen: ca. 310 € im Monat; Anteil am BIP: Landwirtschaft ca. 12 %, Dienstleistung ca. 58 %, Industrie ca. 30 %
Regierungssitz (bei Colombo): Sri Jayawardenepura Kotte
Religion: 70 % Buddhisten, 13 % Hindus, 10 % Muslime, 7 % Christen
Staatsform: Präsidialrepublik
Staatsoberhaupt: Gotabaya Rajapaksa
Währung: sri-lankische Rupie (LKR)
UNESCO-Stätten: zwei Weltnaturerbestätten (Sinharaja NP, zentrales Hochland mit Horton Plains und Knuckles Mountain Range), 6 Weltkulturerbestätten (Anuradhapura, Polonnaruwa, Sigiriya, Kandy, Galle, Dambulla)
Universitäten: 15 staatliche Unis in Colombo und Kandy
Vorwahl: 0094

Wer im Bergland ist, sollte unbedingt mit dem Zug reisen. Die Strecke von Badulla nach Ella ist spektakulär, und zudem kommt man mit der Bevölkerung in Kontakt.

Geographie und Lage

Sri Lanka ist ungefähr so groß wie Bayern und hat als Inselstaat keinen direkten Nachbarn. Den Süden des indischen Subkontinents und den Norden Sri Lankas trennt aber nur eine 30 km breite Meerenge. Die Größe des Landes mag überschaubar sein, die landschaftliche Vielfalt hingegen ist grandios. Hinter den traumhaften Stränden liegen Berglandschaften mit beachtlichen Gipfeln, Schluchten und Wasserfällen, aber auch Regenwälder, Trockensavannen und sogar ein Stück Wüste im äußersten Norden. Hinzu kommen Kulturlandschaften wie die Teeplantagen, die weite Teile des Hochlands prägen.

Verkehr

Sri Lanka besitzt mit Srilankan Airlines eine eigene staatliche und international angesehene Airline und zwölf Flughäfen. Die meisten Städte sind durch das als sichere Alternative zum öffentlichen Busverkehr geltende Eisenbahnnetz verbunden (rund 1400 km), die erste Zugstrecke war Colombo–Kandy (1867). Das Straßennetz umfasst rund 115 000 km.

Politik und Verwaltung

Sri Lanka ist seit 1978 präsidiale Republik und heißt offiziell Demokratische Sozialistische Republik Sri Lanka. Staatsoberhaupt ist seit Ende 2019 Gotabaya Rajapaksa (SLFP), Premierminister ist sein Bruder Mahinda Rajapaksa (SLPP). Die wichtigsten Parteien sind die eine Allianz bildende Sri Lanka Freedom Party (SLFP) und die Sri Lanka Peoples Party (SLPP) sowie die United National Party (UNP). Die Verwaltung besteht aus 9 Provinzen und 25 Distrikten.

Wirtschaft

Der größte Devisenbringer neben dem Tourismus sind Sri Lanker, die im Ausland leben, allen voran Hunderttausende von Frauen, die als Hausangestellte in arabischen Ländern arbeiten und mit ihren Einkünften nicht selten ganze Familien in der Heimat über Wasser halten. Stark an Bedeutung gewonnen hat in den letzten Jahren die Textilindustrie, die preisgünstige Konfektionsware für westliche Märkte produziert. Seit dem Ende des Bürgerkriegs hat der Tourismus verlorenes Terrain zurückerobert (2018: 2,3 Mio. Touristen, v. a. aus Indien, China und Großbritannien, an vierter Stelle ist Deutschland mit 157 000 Besuchern, ein Plus von 20 % zum Vorjahr). Hauptanbauprodukte sind Reis, Zuckerrohr, Tee, Tabak, Kaffee und Kokospalmen. Wichtigste Exportartikel sind neben den

Klima (Mittelwerte)

	Januar	Februar	März	April	Mai	Juni	Juli	August	September	Oktober	November	Dezember
Tagestemperatur	30	31	31	31	30	29	29	29	29	29	29	29
Nachttemperatur	22	22	23	24	25	25	25	25	26	24	23	22
Sonnenstunden	8	9	8	7	6	5	6	6	6	7	6	8
Regentage pro Monat	10	6	11	17	23	22	16	14	17	22	20	12
Wassertemperatur	27	27	27	27	29	29	27	27	27	27	27	27

Textilien auch Tee, Kautschuk, Kokosnuss und Gewürze, v. a. Zimt und Gewürznelken. Sri Lanka zählt mit rund 4000 US-Dollar Jahreseinkommen (BIP pro Kopf) zu den Ländern mit »mittlerem Einkommen«, somit gilt die Insel als relativ wohlhabend, v. a. im Vergleich mit den direkten Nachbarn wie Indien, Bangladesch und Pakistan.

Nebenbei bemerkt

Das lieben die Sri Lanker: ihren Nationalsport, das ist offiziell zwar Volleyball, aber die Leidenschaft der Sri Lanker gehört dem Cricket.

Nationalflagge: Die Nationalflagge zeigt drei der vier auf der Insel praktizierten Religionen: Gelb symbolisiert den Buddhismus, grün den Islam und orange den hinduistischen Glauben. Der blutrote Hintergrund soll ein langes Leben darstellen, der Löwe, der *singha,* ist das Symbol der Urahnen, und das Schwert steht für Autorität. Die vier Blätter in den Ecken erinnern an den heiligen Bodhi-Baum, unter dem Buddha vor 2500 Jahren seine Erleuchtung erlangte.

Singhalesischer Gruß: *Ayubowan* (»Mögest du lange leben«)

Pop-News: Viele Weltstars waren hier zu Gast, aber nur die britische Band Duran Duran verewigte Sri Lanka in gleich zwei ihrer Videos 1982 und 1983: Polonnaruwa und Sigiriya in »Save a Prayer« und den Tea Pagoda Room in Colombo in »Hungry like the Wolf«.

Vorsicht I: die Kokosnuss. Im trügerischen Schatten einer Kokospalme kann es gefährlich sein, wenn eine Nuss mit Karacho aus 15–25 m Höhe fällt. Es kommt immer wieder zu schweren Kopfverletzungen.

Vorsicht II: Die Sri Lanker fürchten Schangenbisse. Von den 93 sri-lankischen Schlangenarten sind fünf sehr giftig, etwa die Kobra und die Viper. Daher hat Sri Lanka weltweit eine der höchsten Todesraten durch Schlangenbisse, aber Touristen treffen eher selten auf die Tiere.

Ureinwohner: Von den Veddhas sollen noch etwa 200 bis 350 Familien im Zentrum bei Damabana, Mahiyangana und im Maduru-Oya-Nationalpark leben.

Resthouses, Gouverneurspaläste und ehrwürdige Kolonialherbergen

Im ältesten, seit 1684 konstant betriebenen Hotel Asiens scheint die Zeit stillzustehen: Der Gast kann sich im aufwendig restaurierten **Amangalla** heute noch fühlen wie ein Reisender aus den 1830er-Jahren, der nach 80 Tagen Schifffahrtspassage endlich in der Hafenstadt Galle an Land gehen konnte, um mit seinen mannshohen Koffern im damaligen Oriental Hotel einzuchecken. Noch immer knarrt der handpolierte Teakholzboden, noch immer gibt es hier keinen Flat-TV an der Wand, dafür jede Menge Antiquitäten und alte Truhen. Nostalgie bis ins kleinste liebevolle Detail. In der hauseigenen Bibliothek entstand eine Art Schrein für die glorreiche Vergangenheit, hier kann man Fotos der Restaurierungsarbeiten sehen und in die Vergangenheit eintauchen.

Auch in den Bergen und im Hochland verstecken sich einige Juwelen, very British: das Queen's Hotel in Kandy, das Grand Hotel und der versnobt-plüschige Hill Club in Nuwara Eliya.

Knarzende Dielen, Baldachinbetten, messingbeschlagene Türknäufe – ein Hauch längst vergangener Zeiten weht durch die schönen alten Kolonialherbergen Sri Lankas. Immer öfter jedoch vertreibt der eiskalte Hauch der Klimaanlagen die Patina. In den eleganten Ballsälen des **Galle Face Hotels** (1864) in Colombo feiern sri-lankische Hochzeitsgesellschaften in traditionellen Saris wie schon die Urgroßeltern vor 150 Jahren, als mangels Klimaanlage die Diener noch fächeln mussten. Wie eh und je schwebt der gusseiserne Birdcage-Aufzug in den zweiten Stock zu den Suiten, wo einst Prince Philip, König Bhumibol und Kaiser Hirohito ihr müdes Haupt betteten.

Das Strandhotel **Mount Lavinia** etwas südlich von Colombo ist ein einstiger Gouverneurssitz im italienischen Palaststil, in dem auch schon William Somerset Maugham genächtigt hat, wie ein Eintrag im Gästebuch zeigt. Das **Lighthouse** in

Das Queen's Hotel (s. S. 123) in Kandy ist im typisch britischen Kolonialstil gebaut. Die charmante 3-Sterne-Herberge hat eine bewegte Geschichte.

Galle ist zugegeben nicht ganz echt kolonial, aber dennoch ein Hingucker. Kein Wunder: Erbaut wurde dieser Nachbau einer Festung von niemand Geringerem als Geoffrey Bawa, dem berühmtesten sri-lankischen Architekten. Kopfsteinpflaster an der Rezeption, schmiedeeiserne Laternen, eine Wendeltreppe als Blickfang und Kunstwerk.

In der Nähe von Nuwara Eliya entstand aus einer Teefabrik eine der originellsten Herbergen in Asien, das **Heritance Tea Factory** mit Industriecharme, alten Flaschenzügen und Eisenträgern. Im kleinen charmanten **Bandarawela Hotel** (1893) lässt sich eine noch immer bezahlbare Zeitreise in die Ära der Plantagenbesitzer und Teepflanzer unternehmen, inklusive sri-lankischem Milchtee oder einem Whiskey am Kamin.

Aus einigen Resthouses sind mittlerweile schicke Boutiquehotels geworden, wie das ehemalige Polonnaruwa Resthouse (heute: das sündhaft teure **EKHO Lake House**) mit der Queen's Suite. Andere Perlen, in denen Elizabeth II. in den 1950ern ebenfalls übernachtet hat, harren noch immer ihrer Wiederauferstehung, etwa das ziemlich morsche **New Rest House** in Negombo – heute würde wohl selbst der Königin Butler keinen Fuß mehr in die düster-koloniale Bruchbude setzen …

Kinder bei der Arbeit in den Teeplantagen; um das Jahr 1900. Der Schotte James Taylor brachte die Teepflanze von Indien nach Sri Lanka.

GESCHICHTE

Königreiche in Hochkultur, ein europäisches Intermezzo und ein grausamer Bürgerkrieg – Spuren der sri-lankischen Geschichte sind allgegenwärtig.

**Das goldene Zeitalter von Anuradhapura
(300 v. Chr.–1000 n. Chr.)**
In der **Königsstadt Anuradhapura** setzt rege Bautätigkeit ein, und zwischen Klöstern und Palästen blüht das kulturelle und spirituelle Leben. Die insgesamt mehr als 100 Könige, die das Reich über sagenhafte 1300 Jahre regieren, überziehen das Land mit einem Netz riesiger Stauseen, den sogenannten Wewas, die durch Kanäle verbunden werden. Mithilfe dieses ausgeklügelten **Bewässerungssystems** erzielen die Bauern stolze Ernten, die den wirtschaftlichen Erfolg des Reichs sichern. Von der Pracht Anuradhapuras, zu seiner Blütezeit möglicher-

weise von 2 Mio. Menschen bewohnt, zeugen noch heute stolze **Dagobas** (Reliquienschreine). Gegen Ende des 1. Jahrtausends n. Chr. wird das Reich durch Truppen der südindischen Cholas bedroht und Anuradhapura schließlich zerstört. Eine Periode politischer Unsicherheit beginnt.

Die Blütezeit Polonnaruwas (12. Jh.)

Eine zweite Blütezeit erlebt das Land unter **König Parakrama Bahu I.**, der von der zweiten Königs- und Hauptstadt in Polonnaruwa aus regiert und sich als genialer Baumeister, Denkmal- und Tierschützer einen Namen gemacht hat. Die noch heute zweistöckigen Ruinen seines einst siebenstöckigen Palastes aus Backsteinen sind eindrucksvoller Zeuge seiner Herrschaft, ebenso wie der von ihm betriebene Ausbau der Kanäle und Stauseen. Das bis heute funktionierende Bewässerungssystem ist die Grundlage für den Wohlstand. Die **Reiskammern** sind gut gefüllt, und das Grundnahrungsmittel kann sogar nach Indien exportiert werden. 100 Jahre später führen innere Machtkämpfe und die Bedrohung durch die Südinder zum **Zerfall des Reichs** und machen es schließlich angreifbar für Invasoren aus Europa.

Die Kolonialära (1505–1948)

Die **Portugiesen** läuten die Ära des Kolonialismus ein. Sie profitieren von der strategisch günstigen Lage der Insel zwischen Arabien und Fernost und steigen in den **Gewürzhandel** ein. Den Portugiesen folgen die **Holländer,** die Zimtplantagen anlegen und diese durch den **Dutch Canal** (Zimtkanal) mit Colombo verbinden. 1802 wird Ceylon **britische Kolonie.** Das Königreich von Kandy behauptet sich tapfer gegen die Kolonialherren: Erst 1815 gelingt es den Engländern, diese letzte singhalesische Bastion einzunehmen. Sie führen das britische Schulsystem ein, beginnen 1823 mit dem Anbau von Kaffee im Hochland und bauen die Infrastruktur mit Eisenbahn (1867) und Straßen aus. Der Teepionier James Taylor importiert versuchsweise Teesträucher aus dem indischen Assam. Die Erfolgsgeschichte des Ceylontees beginnt.

Der Weg in die Unabhängigkeit (1948)

Mit dem Segen der Briten beschreitet Ceylon 1948 den Weg in die Unabhängigkeit, bleibt aber Teil des britischen **Commonwealth** mit dem britischen Monarchen als Staatsoberhaupt. Bei den Wahlen 1956 siegt die Sri Lanka Freedom Party (SLFP) unter Führung des in Oxford ausgebildeten **Solomon Bandaranaike**. Er legt westliche Kleidung und westlichen Lebensstil ab, propagiert einen singhalesischen Nationalismus mit Singhalesisch als Amtssprache. Die Tamilen begehren auf, die Idee eines unabhängigen Tamilenstaates kommt zur Sprache. Als die Konflikte eskalieren, signalisiert der Premier Verhandlungsbereitschaft, was ihm von konservativen Kräften nicht verziehen wird: 1959 wird Bandaranaike von einem buddhistischen Mönch ermordet. 1960 wird seine Witwe **Sirimavo Bandaranaike** erste weibliche Premierministerin der Welt.

Der Bürgerkrieg (1983–2009)

Die Situation zwischen Singhalesen und Tamilen eskaliert im »**Schwarzen Juli**« 1983, als die von Velupillai Prabhakaran gegründete LTTE (Liberation Tigers of Tamil Eelam) singhalesische Regierungssoldaten töten, was mit einem Massaker an tamilischen Zivilisten beantwortet wird. Der Bürgerkrieg wird im Laufe von fast 26 Jahren rund 100 000 Menschenleben fordern. Die Tiger kontrollieren die nun mehrheitlich von Tamilen bewohnte Jaffna-Halbinsel im Norden sowie die Ostküste, v. a. in den 1990er-Jahren verbreiten sie aber auch in anderen Landesteilen Angst und Schrecken durch **Selbstmordattentate und Bombenanschläge**, u. a. 1998 im Zahntempel in Kandy. Erst 2007 bringen die Regierungstruppen den Osten der Insel unter ihre Kontrolle und erobern 2009 schließlich auch Jaffna, wo Velupillai Prabhakaran getötet wird.

Der fragile Frieden (seit 2010)

Der Krieg ist beendet, aber der Konflikt zwischen den verfeindeten Gruppen ist nicht gelöst, und Menschenrechtsverletzungen auf beiden Seiten werden nicht aufgearbeitet. So hatten die Regierungstruppen nach dem militärischen Sieg ein Gemetzel

Der »Vater des Friedens«: Sri Lankas amtierender Premierminister Mahinda Rajapaksa ist auf der 1000-Rupien-Banknote abgebildet.

unter der tamilischen Zivilbevölkerung angerichtet. **Mahinda
Rajapaksa,** Staatspräsident von 2005–2015 und Premierminister seit Ende 2019, gilt als »Vater des Friedens« und wird dafür
von der Bevölkerung geachtet, aber nicht geliebt. Der Ausbau
der touristischen Infrastruktur läuft allerdings mit voller Kraft,
der **Tourismus** boomt und entwickelt sich wieder zu einer tra-
genden Säule im Wirtschaftsleben. Jahr für Jahr kann Sri Lanka seit 2009 Besucherrekorde melden – mit einem kleinen Ein-
bruch 2019, als »nur« rund 1,9 Mio. Urlauber auf die Insel
kamen. 2018 waren es noch etwa 2,3. Mio., aber angesichts der
islamistischen Anschläge in Colombo und Negombo mit mehr
als 300 Toten im April 2019 war der Rückgang zu erwarten und
ist erstaunlich glimpflich ausgefallen. Nach wie vor ist die In-
nenpolitik durch den Bürgerkrieg und die Spaltung des Landes
geprägt, die nationale **Versöhnung** verläuft eher schleppend
(etwa die Verfassungsreform). Schon vor einigen Jahren hatten
die UN über die mutmaßlichen Kriegsverbrechen auf allen
Seiten berichtet, was bei einem »Wiederversöhnungsprozess«
aufgearbeitet werden soll.

Unruhige Zeiten im Paradies

Die Wurzeln des Konflikts in Sri Lanka reichen weit in die Geschichte zurück. Die beiden größten Bevölkerungsgruppen Sri Lankas sind die vorwiegend **buddhistischen Singhalesen,** die knapp drei Viertel der Bevölkerung ausmachen, und die **Tamilen** (rund 18 Prozent der Bevölkerung), die sich mehrheitlich zum **Hinduismus** bekennen. Dennoch sind die Konflikte nicht religiöser Natur.

Als die Portugiesen, gefolgt von den Holländern, im 16. Jahrhundert die **Kolonialgeschichte** auf der Insel einleiteten, fanden sie drei Königreiche vor – singhalesisch-buddhistische an der Küste und in Kandy und ein tamilisch-hinduistisches in Jaffna im Norden. Erst die Briten vereinigten 1818 die Reiche und machten die gesamte Insel zur Kronkolonie. Unter ihrer Herrschaft genossen hochkastige, schriftkundige Tamilen Privilegien und wurden bevorzugt. Viele Historiker sehen darin den Keim des Konflikts. 1948 entließen die Briten Ceylon in die **Unabhängigkeit,** und in den 1950er-Jahren trat die singhalesisch-nationalistische Sri Lanka Freedom Party (SLFP) mit dem Ziel an, die überproportionale Vertretung der tamilischen Minderheit in Verwaltung, Bildungseinrichtungen und Wirtschaftsleben einzuschränken. Mit dem Slogan *sinhala only* gewann die SLFP die Wahlen und erklärte **Sinhala,** die Sprache der singhalesischen Mehrheit, zur einzigen **Nationalsprache** der Inselrepublik. Ab den 1970er-Jahren wurde zudem der Universitätszugang für Tamilen erschwert. Erste Forderungen nach einem unabhängigen Tamilenstaat *(Tamil Eelam)* im Norden und Osten wurden laut.

1983 erreichten die Auseinandersetzungen einen vorläufigen Höhepunkt: Ein Überfall auf singhalesische Soldaten in Jaffna löste im Sommer neue **Übergriffe** gegen Tamilen aus. Tausende Tamilen wurden ermordet und unzählige aus den singhalesischen Gebieten vertrieben. Die radikale Gruppierung der **Liberation Tigers of Tamil Eelam** (LTTE) wurde stärkste militärische Kraft auf tamilischer Seite. 1986 eroberten die Milizen der LTTE die hauptsächlich von Tamilen bewohnte Jaffna-Halbinsel und weite Teile der Ostküste.

Oberster Kommandant der Tiger war **Velupillai Prabhakaran,** eine charismatische Führerfigur. In seinem Dschungelcamp scharte er Selbstmordattentäter und Kindersoldaten um sich. Die Soldaten hatten die Anweisung, bei Gefangennahme lieber den Tod zu suchen, als sich zu ergeben – weshalb alle eine Zyankalikapsel bei sich trugen.

Stationen der weiteren **Eskalation:** 1991 wurde der indische Präsident Rajiv Gandhi, dem man die Einmischung von indischer Seite vorwarf, von einer Selbstmordattentäterin ermordet (wobei auch weitere 16 Menschen den Tod fanden). 1993 erlag der sri-lankische Präsident Ranasinghe Premadasain in Colombo einem Bombenanschlag. 1996 steuerte ein mit Sprengstoff

Menschenrechtsorganisationen klagten sowohl Armee als auch LTTE-Separatisten diverser Kriegsverbrechen an, darunter gezielte Angriffe auf Zivilisten, Entführungen und Hinrichtungen von Gefangenen. Die Angeklagten schweigen bis heute zu den Vorwürfen.

beladener Lkw in die Central Bank in Colombo: 88 Tote, etwa 1000 Verletzte. Im Gegenzug eroberte die sri-lankische Armee Jaffna zurück. 1998 explodierte eine Bombe im Zahntempel von Kandy, dem wichtigsten Heiligtum der Singhalesen. Letzte äußerst heftige Kämpfe zwischen Rebellen und sri-lankischer Armee forderten bei der Regierungsoffensive im Frühjahr 2009 im Norden und Osten nochmals Tausende Todesopfer unter der Zivilbevölkerung. Am 16. Mai 2009 verkündete Präsident Mahinda Rajapaksa das **Ende des Kriegs.** Die LTTE war besiegt, und Velupillai Prabhakaran wie auch die gesamte Führungselite waren bei der Flucht vor Regierungstruppen erschossen worden.

Der Krieg hatte fast **100 000 Todesopfer** gefordert und zahllose Traumatisierte zurückgelassen. Doch trotz Frieden und Aufbruchsstimmung im ganzen Land ist der Konflikt in den Köpfen und Herzen der Sri Lanker nicht gelöst. Viele Fragen sind noch offen.

LANDSCHAFT

Dschungelgrün, schneeweiße Dagobas und knallbunte Hindutempel. Die Kulisse ist geprägt durch üppige Natur und Kulturlandschaften, durch Religion und koloniales Erbe.

Kulturlandschaft: Tee, Reis und Zimt

So weit das Auge schauen kann: im Flachland Reisfelder, je nach Saison goldgelb oder smaragdgrün, im Bergland grüne Teepflanzen. Sri Lankas abwechslungsreiche Kulisse besteht vor allem aus **Kulturlandschaft**. Auf der Insel wird quasi jeder Quadratmeter genutzt: An steilen Berghängen klettern die Reishalme auf Stufen empor wie seit Jahrtausenden, ebenso die zarten Teeblätter im Bergland, die von den Briten im 19. Jahrhundert eingeführt wurden. Zu dem landschaftlichen Grün in allen Schattierungen tragen auch die Zimtplantagen (die Holländer hatten schon im 17. Jahrhundert ihr Zimtmonopol in Ceylon etabliert) bei, die endlosen Kokospalmen- und Gummibaumwälder, Kaffeesträucher und natürlich die farbenprächtigen Kräutergärten, die Touristen so gerne besuchen, um einen Einblick in die Vielfalt der tropischen Kultur- und Medizinpflanzen zu bekommen. Ein wahrer Schatz!

Das reinste Dschungelbuch!

Sri Lanka ist mit üppigem Dschungel gesegnet: Eines der letzten tropischen Regenwaldgebiete ist der riesige **Sinharaja Forest,** der seit 2010 als Weltnaturerbe unter dem Schutz der UNESCO steht. Aber allerorten wuchert gleich hinter dem Strand und den Hotels das Grün: die weiten Lagunenlandschaften an der Ostküste, die Sumpfgebiete und Mangrovenwälder an der Süd- und Westküste, Flusslandschaften, wo sich Warane, Kormorane und Krokodile am Ufer herumtreiben und Fischer die Netze auswerfen. Diese **Feuchtgebiete** sind am besten zu erkunden bei einer abenteuerlichen Spritztour im (Ausleger-)Boot.

Sattes Grün, so weit das Auge reicht. Ein Trip in den Regenwald Sri Lankas ist ein unvergessliches Erlebnis. Den Sinharaja Forest besuchen jährlich 15 000 Urlauber.

Berge und Kaskaden

Rund um Kandy erheben sich in der Mitte Sri Lankas die **Hügelketten** und sogenannte **Inselberge**, wie der gigantische Monolith Sigiriya. Sie wachsen auf engstem Raum steil auf bis zu 2000 Meter über dem Meeresspiegel, wie die Knuckles Mountain Range, ebenfalls seit 2010 UNESCO-Weltnaturerbe. Der landeshöchste Berg Pidurutalagala überragt sie alle (2524 Meter). Kulturell bedeutsam ist der heilige Pilgerberg Adam's Peak (2243 Meter). Vom Zentralmassiv schlängeln sich 25 größere Flüsse über Schluchten und Täler hinab an die Küste (der längste ist der Mahaweli Ganga), und viele überwinden die Steilstufen als mehr oder weniger mächtige Wasserfälle.

Die Trockenzone

Wer würde wüstenartige Landstriche auf einer Tropeninsel vermuten? Im Norden und Nordosten breitet sich eine Trockensavanne aus, und auf der Halbinsel Jaffna gibt es sogar ein kleines Stück Wüste. Auch im Südosten dienen ausgedehnte Salzseen und Grassteppen vielen Wildtieren vor allem den Elefanten als Lebensraum.

TEMPEL UND GESTEN

Halbkugelrunde Tempelbauten, die Dagobas, die rein religiöse (!) Verwendung von Hakenkreuzen und die Handstellungen des Buddhas: Sri Lanka ist voller Geheimnisse.

Die Dagobas

Charakteristisch für die **buddhistische Tempelbaukunst** sind die Dagobas, auch **Stupa** genannt. Die weißen, meist halbkugelförmigen Bauten mit dem rechteckigen Aufsatz und einer vergoldeten Spitze sind einer preußischen Pickelhaube nicht unähnlich. Sie stehen auf einer quadratischen Terrasse mit vier Treppen, je eine pro Himmelsrichtung. Den Treppen gegenüber befinden sich Gabentische mit Blumen. Im Innern wird eine Reliquie von Buddha, eines Königs oder eines Priesters aufbewahrt – manchmal ist es nur ein winziger Teil eines Knochens oder eine heilige Schrift. Die Dagoba ist nicht begehbar. Einzig in Kalutara an der Westküste kann das Innere des Kuppelbaus betreten werden, weil sich oben im Innern des Gewölbes eine weitere kleine Innen-Dagoba mit Reliquie befindet.

Die Jetavana Dagoba

Schon von Weitem ist die mächtige Stupa zu sehen: Die Jetavana Dagoba in Anuradhapura soll schon zur Bauzeit im 3. Jahrhundert zu den weltgrößten Bauwerken nach den Pyramiden Ägyptens gezählt haben. 120 Meter hoch, damals, vor 800 Jahren, war sie **König Mahasenas** ganzer Stolz. Heute ist das buddhistische Meisterwerk noch 70 Meter hoch, und mit ihren Ziegelsteinen könnte man eine 650 Kilometer lange und drei Meter hohe Mauer von München nach Rostock bauen.

Hindus und Hakenkreuze

Bitte nicht wundern: In den hinduistischen Tempeln, auf Gräbern oder Särgen oder gar in privaten Hauseingängen an den Türschwellen prangt oft ein Hakenkreuz, jedoch meist anders-

Die Mirisawatiya Dagoba ist eine der drei großen Stupas in der alten Hauptstadt Anuradhapura. Sie wurde im 2. Jh. v. Chr. erbaut.

herum, als es die Nazis verwendet haben. Ursprünglich ist die **Swastika** ein Glückszeichen der Buddhisten und Hinduisten, ein uraltes Runen-Symbol, das die Nationalsozialisten übernommen und seiner eigentlichen Bedeutung entfremdet haben. Im Buddhismus symbolisiert sie mal das Herz Buddhas, mal die Sonne und steht für ein langes Leben.

Die geheimnisvollen Mudras

An der jeweiligen Position des Buddha und seinen Handstellungen *(mudras)* können Eingeweihte viel aus **Buddhas Werdegang** erkennen. Sitzt der Buddha im Lotossitz, dann meditiert er in der Regel. Manchmal beugt dabei eine Kobra schützend gegen die Dämonen ihr Haupt über ihn. Die wohl wichtigste der mehr als 100 Gesten ist die »Anrufung der Erde«, der Moment, in dem er die Erleuchtung erfährt *(bhumi-sparsha mudra)*: Buddha im Lotossitz, die rechte Hand ruht auf dem Knie, und ihre Finger berühren fast die Erde. Wenn Buddha liegt, sollte man auf die Füße achten. Sind diese leicht verschoben und die Augen geschlossen, zeigt dies den Buddha im Moment des Überganges zum Nirvana (etwa in Gal Vihara in Polonnaruwa). Der stehende und nach der Erleuchtung furchtlose Buddha hält meist die Hand zum Schutz erhoben *(abhaya mudra)* oder er segnet die Gläubigen dabei *(asisa mudra)*.

VOM STAUDAMM ZUM MEGATURM

Dem Sri-Lanka-Reisenden begegnet eine bis zu 2000 Jahre alte Architektur. Sie geht zurück auf Könige und Kolonialherren und reicht bis in die Moderne.

Die Wewas

Riesige Staudämme, schier **endlose Wasserreservoire** und Kraftwerke versorgen das Ackerland in der Trockenzone und die sri-lankischen Haushalte mit Strom. Das System ist alt, 2000 Jahre alt! Bei Anuradhapura liegen der damals geschaffene Basawak Kulam und der Tissa Wewa. Bis zu 30 000 kleine und gigantische Wewas, verbunden durch endlose Kanäle, sind seitdem gebaut worden. Sie waren und sind die Grundlage für die blühende Landwirtschaft mit zwei Reisernten im Jahr.

Sri Lankas Trutzburgen

Es war vom 16. bis zum 18. Jahrhundert: Um Ceylon tobte ein kolonialer Machtkampf, nicht nur um den Zimt. Beteiligt waren die Portugiesen, die Holländer, die Briten, aber auch Dänen und Franzosen. Eine Hinterlassenschaft der Holländer und Briten ist heute noch prägend in den Küstenstädten, ob in Colombo, Matara oder Trincomalee: die massiven **Festungen.** In der südlichen Hafenstadt Galle umfasst das holländische Fort sogar ein ganzes Stadtviertel mit Bastionen, wappengeschmückten Toren und Leuchtturm – die besterhaltene Befestigungsanlage Sri Lankas. Heute wird auf dem Schutzwall flaniert und gejoggt.

Kolonialhotels

Ein Ausflug in viktorianische Zeiten verheißen die Kolonialhotels und Resthouses aus dem 19. Jahrhundert. Zu den Aushängeschildern gehören zweifellos das **Galle Face Hotel** (Colombo) und das **Mount Lavinia** (bei Colombo). Hier stiegen schon Königinnen, Prinzen und Maharadschas ab, Teepflanzer und Plantagenbesitzer, Hollywoodstars und legendäre Politiker. Der morbide Charme zwischen knarrenden Dielen, Jagdtrophäen und Badewannen auf Löwenpranken ist heute nicht mehr ganz so preiswert zu haben, aber das eine oder andere architektonische Juwel lässt sich im Hinterland noch immer entdecken.

Die »Tropische Moderne«

Nach den Betonklötzen der 1970er-Jahre wurde es Zeit für eine »Öko«-Revolution in der sri-lankischen Architektur: **Geoffrey Bawa** (1919–2003), der berühmteste Architekt der Insel, ist Schöpfer unzähliger herausragender Bauten: das Parlament bei Colombo, eine Tempelstätte (Seema Malaka) und viele Hotels der Luxusklasse und kleinere Boutique-Herbergen entlang der Südwestküste. »Tropische Moderne« nennt sich sein Stil. Typisch ist dabei die Bauweise mit luft- und lichtdurchfluteten Lobbys zum Indischen Ozean hin (Blue Water Hotel in Wadduwa). In der kolonialen Festungsstadt Galle präsentiert sich eine Nobelherberge heute selbst wie eine echte Trutzburg (Lighthouse Hotel). Und im Zentrum der Insel erobert der Dschungel einen Koloss aus Stahlbeton allmählich zurück (Kandalama Hotel) – ganz nach dem Plan des Star-Architekten.

Megapolis Colombo: Lotus Tower

Über Geschmack lässt sich bekanntlich streiten, aber seit Januar 2020 steht er felsenfest mitten in der Megapolis Colombo: Nach vielen Verzögerungen und acht Jahren Bauzeit hat nun auch Sri Lanka seinen futuristischen Turmbau mitsamt allem modernen Schnickschnack wie rotierendes Restaurant, VIP-Enklaven und Shopping ohne Ende auf acht Etagen. Der Lotus Tower am Beira Lake ist mit **356 Metern Höhe** das höchste freistehende Bauwerk in Südostasien. Der markante Bau mit dem grünen »Stil« und der stilisierten rosa »Blüte« ist fast so hoch wie der Berliner Fernsehturm und mehr als doppelt so hoch wie die beiden Türme des World Trade Centers.

GEBRÄUCHE UND LANDESSITTEN

Man staunt: Die uralten Traditionen behaupten sich im heutigen Sri Lanka, ob im Tempel, bei der Perahera oder beim Essen. Ein Blick hinter die (modernen) Kulissen.

Ja, nein und jein
Spätestens bei der Konversation mit dem sri-lankischen Reiseleiter oder dem Souvenirhändler gerät jeder Fremde in Verwirrung: Lässt ein Sri Lanker nach einer Frage seines Gegenübers den Kopf langsam hin- und herpendeln, so bedeutet dies nicht etwa »nein«, sondern kann auch ein »ja« oder »okay« ausdrücken. Aber eigentlich kann dieses **Kopfwiegen** ebenso alles Mögliche dazwischen bedeuten.

So schmeckt's besser!
Die meisten Sri Lanker essen **mit den Fingern.** Wer nun eine private Einladung erhält, folgt dabei am besten höflich dem Vorbild der Gastgeber: Nach dem Händewaschen greift man gekonnt zu, auf die traditionelle Art. Die Kunst besteht darin, den Reis mit der rechten (!) Hand zu einer Kugel zu formen und mit dem Currygericht auf dem Teller zu vermischen. Dabei dürfen wirklich nur Daumen, Zeige- und Mittelfinger benutzt werden und nicht etwa die gesamte Hand.

Gesegnete Zeichen
Hinduistische Gläubige erkennt man an der *tilaka* – so nennt sich dieser **Stirn-Punkt,** eine Paste aus Sandelholz, Safran und anderen Ingredienzen, die der Priester mit seinem Daumen auf die Stirn drückt. Im Buddhismus tragen die Gläubigen geweihte weiße **Bindfäden,** die ihnen von den Tempeldienern und Priestern ums Handgelenk gewickelt werden und die sie vor Unglück schützen sollen.

Kiribath heißt der Milchreis in Sri Lanka, ein traditionelles Nahrungsmittel auf der Insel, das aus Reis und Kokosnussmilch zubereitet wird.

Die kapurala-Priester

Ein Blick hinter die Kulissen eines ehrenwerten Amtes: dem der *kapuralas*. Der **(Hindu-)Priester** nimmt die Gaben der Gläubigen im Tempel an – etwa Kokosnüsse oder kleine Kokospalmenpflanzen (von Schwangeren, die sich männliche Kinder wünschen), Betelnuss, Campher und Räucherstäbchen, Milchreis und Früchte, Aralyia-Blüten (Frangipani) und Lotosstengel, Jasminketten und religiösen Fahnen. Er überreicht sie der jeweils zuständigen Gottheit, der *devalaya*. Dabei bittet er um Gesundheit, eine gute Schwangerschaft, gute Zensuren oder Glück für einen Geschäftsabschluss. Das Priesteramt wird nur vom Vater zum Sohn vererbt. Für seine Dienste bekommt der *kapurala* eine Gebühr.

High tea time

Einen Brauch haben die Engländer als Kolonialherren hinterlassen: Ihre *high tea time* um Punkt 17 Uhr genießt man am besten in viktorianischem Ambiente im Hochland, wo sich Teepflanzer und Kautschukplantagenbesitzer, britische Beamte und Ferienreisende schon im 19. Jahrhundert wohlfühlten. Die **Zeremonie** kann man bis heute entspannt in den Luxushotels wie Amangalla und Galle Face genießen und sich so in die Zeiten Queen Victorias zurückversetzen lassen.

In »Elefantenpfad« folgt die junge Buchhändlerin Ruth (Elizabeth Taylor) ihrem Mann John (Peter Finch), dem Erben einer Teeplantage, nach Ceylon.

FILMSCHAUPLATZ SRI LANKA

Von Hollywood bis Bollywood

Ben Kingsley, Geraldine Chaplin, Gregory Peck, Alec Guinness, Frank Sinatra, Gina Lollobrigida, Ursula Andress, Steve McQueen, Harrison Ford – die Liste der Weltstars, die in Ceylon und Sri Lanka vor der Kamera standen, ist lang. Die Insel bietet Exotik pur, eine überwucherte grüne Kulisse mit dichtem Regenwald, mysteriöse Ruinenstätte und das Flair der Kolonialhotels – und das alles auf kleinstem Raum! So zog das Eiland immer wieder Regisseure aus aller Welt an für Abenteuer- und Tarzan-Filme, zahllose Kriegs- und Kolonialdramen, Disneys Dschungelbücher oder auch herrlich trashige Horror- und Splatter-Movies.

Wenn man durch das Anwesen im Brief Garden bei Beruwala wandelt, entdeckt man einige Schwarz-Weiß-Fotos aus vergangenen Zeiten. Eines zeigt den Gastgeber Bevis Bawa mit Vivien Leigh und ihrem Ehemann Laurence Olivier. Das Schauspielerpaar war 1953 zu Filmaufnahmen auf der Insel. **»Elefantenpfad«** (»Elephant Walk«, USA 1953) heißt der

Klassiker von Regisseur Sir William Dieterle, bei dem Vivien Leigh später allerdings wegen eines Nervenzusammenbruchs in den meisten Szenen durch die junge Elizabeth Taylor ersetzt wurde und Peter Finch die Rolle von Laurence Olivier übernahm. Schon der Regisseur Carol Reed hatte Ceylon als Filmschauplatz entdeckt: Er verfilmte hier 1951 den Roman »**Der Verdammte der Inseln**« von Joseph Conrad und schwärmte über die exotische Kulisse:»Sri Lanka ist das natürlichste und vollkommenste Bühnenbild unter freiem Himmel.«

Ein Wunder bleibt bis heute, dass Sri Lanka für seine beiden wohl berühmtesten Hollywoodfilme nur als eine Art Double für andere asiatische Länder einspringen durfte. So wurden im sri-lankischen Kitulgala bei den Aufnahmen zu »**Die Brücke am Kwai**« (GB/USA 1957) die Dschungelgegend und der legendäre Fluss Kwai an der thailändisch-burmesischen Grenze in Szene gesetzt. Regisseur David Lean ließ sogar eine 35 Meter hohe Brücke aus 1200 Bambusrohren errichten – 130 Meter lang, die bei Drehende spektakulär gesprengt wurde. Schade eigentlich.

Regisseur John Sturgess kam für die Dreharbeiten zu »Wenn das Blut kocht« (»Never so Few«, USA 1957) mit einem riesigen Staraufgebot an Hollywood-Größen: Frank Sinatra, Steve McQueen, Charles Bronson und Gina Lollobrigida.

Für »**Indiana Jones und der Tempel des Todes**« (USA 1984) wurde die schöne Hängebrücke beim Victoria Damm zerstört. Das Filmteam um Steven Spielberg hatte für Nordindien keine Drehgenehmigung bekommen und musste nach Sri Lanka ausweichen. Gedreht wurde in der Gegend um Kandy, in der Hantana Tee Plantage und nahe dem Pinnawela Elefantenwaisenhaus.

Auch deutsche Filmemacher zog es auf der Suche nach der ultimativen Paradieskulisse auf die exotische Insel. 2009 wurde eine Folge der deutsch-österreichischen »**Traumhotel**«-Serie an verschiedenen Plätzen der Insel gedreht, hauptsächlich im Mount Lavinia Hotel. Davor, im Jahr 2004, tauchte schon die »**Traumschiff**«-Crew im ehemaligen Triton Hotel, dem heutigen Heritage Ahungalla, an der Westküste auf.

TRADITIONELLE KULTUR

*Die Sri Lanker feiern gerne und viel: geheimnisvolle Teufels-
tänze, mitreißende Trommelklänge, fantastische Kostüme –
da möchte man am liebsten mittanzen.*

Religiöse Vollmondfeste: poya, perahera, puja
Kein Monat ohne großes Fest mit Volksmusik und Tänzen: Die
poyas sind gesetzliche **Feiertage** und erinnern an wichtige Er-
eignisse des Buddhismus oder aus dem Leben Buddhas, etwa
seine Erleuchtung. Banken, Theater und Kinos sind geschlossen, Alkohol wird nur in den Hotels an Ausländer ausge-
schenkt. Die wichtigsten Vollmondtage werden mit einer großen **Prozession** begangen, einer *perahera,* wie im Februar in
Colombo *(navam perahera)* und im Juli in Kandy (die spektakuläre *esala perahera).* Mit der *puja,* einer täglichen religiösen
Zeremonie, erbitten die Gläubigen mit Gebet, Gesängen und
Opfergaben das Wohlwollen ihrer Götter.

Ein Volk tanzt
Tempeltänze, Teufelstänze, Tanzdramen. Wenn Sri Lanka feiert, dann tanzt es auch. Am bekanntesten sind die anmutigen
Tempeltänze aus der Region um Kandy, die bis heute zu jedem
offiziellen Festakt, zu religiösen Opferzeremonien und auch
zur hoteleigenen Folklore-Show gehören. Rot-weiß gewandete
Männer mit silbernem Kopf- und Brustschmuck tänzeln,
stampfen und wirbeln durch die Luft, begleitet von Trommlern
und Musikern mit Blasinstrumenten wie der *kombu,* einem
Messinghorn in S-Form. Ganz anders dagegen die selten ge-
wordenen lauten und ekstatischen **Teufelstänze** *thovil* oder
sanni yakuma mit den furchterregenden Masken. Sie sind eine
Art Heilritual gegen 18 (böse) Krankheiten mit Exorzist, einem Dämonen-Prinzen und lauter kleinen Teufelchen.

Auch wenn die Kandy-Tänze auf ein touristisches Publikum zugeschnitten sind, zeigen sie viel von der musikalischen und choreografischen Tradition des Landes.

Kandy Dance Shows

Einen guten Überblick über die verschiedenen (Ritual-)Tänze, Volkstheater, Kostüme und Musiken geben die *peraheras*, aber vor allem die Kandy Dance Shows: bunte Trachten, manchmal für westliche Ohren schräge Klänge und zum Abschluss die Feuerschlucker und das spektakuläre **Feuerlaufen.** Auch die mitreißenden Maskentänzer sind echte Hingucker!

Kolam-Volkstheater

Ebenfalls nur noch in Kandy zu erleben ist das *kolam:* Bei dieser **Satire** über das typische Dorfleben treten verschiedene Charaktere mit Masken auf: Dorfpolizisten, Angehörige des Könighauses und manchmal sogar Fremde aus Europa, zu erkennen am Schnurrbart und der gelben Gesichtsfarbe.

Von Puppenspiel und Maskenschnitzern

Die Südwestküste ist bis heute des Zentrum der Puppenspieler und Maskenschnitzer. Das allmählich leider aussterbende Puppenspiel aus der Region um **Ambalangoda** stellt mit fast mannsgroßen und aufwendig kostümierten Marionetten die *jatakas* dar, Szenen aus den früheren Leben Buddhas. Den Maskenschnitzern kann man heute noch hier über die Schulter schauen, etwa im Maskenmuseum.

Ein Traum für alle, die das Surfen lieben. In Sri Lanka findet man zu jeder Jahreszeit einen Küstenabschnitt, an dem gute Wellen aufs Brett locken.

SPORT, STRÄNDE UND ERHOLUNG

Mehr als 1000 km Strand! Und seit der »Wiedereröffnung« der Ostküste für den Tourismus hat Sri Lanka immer Badesaison: das ganze Jahr!

Monsun

Gut zu wissen: Wenn von November bis April der Nordostmonsun bläst, können sich Besucher an den Sonnenstränden der West- und Südküste räkeln. Während des Südwestmonsuns zwischen April und Oktober garantieren die Strände entlang der Ostküste entspannte Badetage und beste Bedingungen zum Tauchen, Schnorcheln und Surfen. Ob Wassersportler, Sonnenanbeter, Partylöwe, Familie oder Ruhesuchender – jeder findet garantiert das perfekte Plätzchen am Strand. Allerdings ist das Bad im Meer nicht immer und überall ungefährlich. Man sollte sich über **Unterströmungen** informieren und unbedingt das Badeverbot bei roter Flagge beachten!

Cricket

Was Fußball für die Deutschen, ist Cricket für die Sri Lanker. Die Teamsportart, die an Baseball erinnert, wurde von den britischen Kolonialherren importiert. Heute sind Fernsehübertragungen wichtiger Matches Straßenfeger, und die besten Spieler werden wie Helden verehrt. In den Dörfern kann man Kindern beim Training zuschauen, und kaum ein Junge träumt nicht davon, Cricket-Profi zu werden. Kein Wunder, Cricket ist die einzige Sportart, in der Sri Lanka zur **Weltspitze** zählt und bei Weltmeisterschaften vorderste Plätze belegt. Zuletzt siegreich war man allerdings 1996.

Rafting und Kanu

Für Paddler bieten Sri Lankas 103 (!) Flüsse Herausausforderungen in allen Schwierigkeitsstufen. Beim **Raftingtrip** auf dem Kelani River bei Kitulgala taucht man hautnah in die spektakuläre Natur ein und muss nicht viel Wasser schlucken (Schwierigkeitsgrad: 2-3, keine Strömung zwischen Januar/Februar und April–Juni). Von Strandorten wie Bentota und Beruwala aus kann man mit dem Kanu auf **Flusssafaris** die Mangrowenwälder des Kalu River, Bentota River oder küstennaher Lagunen erkunden.

Surfen, Kitesurfen, Windsurfen

Sri Lanka ist ein Mekka der Wellenreiter. Könner und auch Anfänger treffen sich zwischen November und April in Hikkaduwa oder Mirissa. Im Sommerhalbjahr ist Arugam Bay an der Ostküste das angesagte Ziel – einer der zehn besten **Surfspots** weltweit, wo auch internationale Meisterschaften stattfinden. Kalpitiya an der Nordwestküste begeistert mit seinen ständigen Winden jedes Jahr mehr Kitesurfer. Windsurfen kann man dagegen in fast allen Badeorten ausprobieren.

Tauchen und Schnorcheln

Bunte Fischschwärme, Korallen und Schiffswracks warten auf Erkundung. Zwischen November und April kann man in Hikkaduwa, Unawatuna oder auch Kalpitiya im noch kaum berührten Bar Reef mit Rifffischen um die Wette schwimmen. Im Sommerhalbjahr lohnen die **Korallenriffe** vor Nilaweli (besonders vor Pigeon Island) den Besuch. Spektakulär ist das Wrack des 1942 vor Batticaloa versenkten Flugzeugträgers »HMS Hermes« an der Ostküste, das zu den wenigen Riesenwracks gehört, die für Sporttaucher erreichbar sind (bis 58 Meter Tiefe; April–September).

Wandern und Mountainbiking

Grüne Teeplantagen, rauschende Kaskaden und Gemüse auf Terrassenfeldern – abwechslungsreiche **Wandergebiete** gibt es in Hülle und Fülle: Die Besteigung des 2243 Meter hohen Adam's Peak, Sri Lankas heiligem Berg, Dschungelwanderungen zwischen Schluchten und Wasserfällen in den Knuckles Ranges (bei Kandy) oder rund um die Bergorte Ella und Haputale, Regenwaldwanderungen im Sinharaja Rainforest oder eine Rundwanderung durch die Heidelandschaft auf dem Hochplateau der Horton Plains (bei Nuwara Eliya), dem letzten Bergnebelwald der Insel. Mit dem **Rad** geht es gemütlich durch die Ruinenstädte Polonnaruwa und Anuradhapura.

Nachhaltiger Tourismus

Ein Ausflug mit dem Fischer auf seinem *oruwa,* einem Katamaran, oder zu den Ureinwohnern Veddhas, Kühemelken oder Hühnerfüttern bei einer Bauernfamilie, Reisarbeit im Feld, Teeblätterpflücken oder Milchzapfen an den Gummibäumen, ein Tuk-Tuk-Abenteuer auf drei Rädern – der fantasievollen Annäherung an **Alltagskultur und Lebensstil** sind in Sri Lanka keine Grenzen gesetzt. Auch (längere) Kunsthandwerkskurse wie Batiken sind möglich.

Ruhe und Einkehr

Wer statt Action eher innere Einkehr und Besinnung sucht, kann in vielen Ayurveda-Hotels und Eco-Lodges absteigen. Nichts für Warmduscher im wahrsten Sinn sind die **Meditationszentren** wie etwa Nilambe bei Kandy: spartanische Unterkunft, Aufstehen in der Nacht (4.30 Uhr), stundenlanges Me-

Eine Landschaft, in der schon ein Spaziergang Kontemplation verspricht. Sri Lanka ist ein perfektes Reiseziel, wenn man zu sich finden möchte.

ditieren und tagelanges Schweigen. Und die Erleuchtung kommt auch nicht nach einer Woche, die innere Ruhe aber vielleicht schon.

Ayurveda-Kuren

Kaum ein Hotel oder Gästehaus in Sri Lanka, das heutzutage keine Ayurveda-Kur anbietet. Doch Vorsicht: Ayurveda, die 3000 Jahre alte Heilkunst, ist mehr als ein wohltuender Stirnguss mit warmem Öl, eine Massage von vier sanften Händen oder ein Bad in Lotosblüten. Da es eine **ganzheitliche Wissenschaft** ist, die chronische und psychosomatische Erkrankungen heilen oder lindern kann, ist der Hype seit Jahrzehnten groß, und die Scharlatane sind nicht weit. Aber Ayurveda heilt keinen Krebs oder andere schwere Krankheiten! Und eine sinnvolle Ayurveda-Kur von mindestens zwei Wochen Dauer, strenger Diät und innerer *panchakarma*-Reinigung ist auch nicht immer Streicheleinheit. Wer nur entspannen will, ist fast überall gut aufgehoben. Wer geheilt werden will, sollte nur zertifizierte Einrichtungen buchen.

Info: www.ayurveda-verband.eu/qualitaet/qualitaetsmerkmale

Von »Hohepriestern« und Scharlatanen

Die im Sari gewandete Ayurveda-Ärztin erkennt den verqueren Bio-Rhythmus auf den ersten Griff. Mit nur drei Fingern liest sie den Puls wie andere die Buchstaben in einer Zeitung. Mit dieser Pulsdiagnose wird beim Ayurveda das **Ungleichgewicht** der *doshas* ermittelt, der drei Bio-Energien namens *vata, pitta* und *kapha*. Denn die Philosophie des Ayurveda stützt sich auf einen ganzheitlichen Ansatz: Hier dreht sich alles um Körper, Geist und Seele.

Bei einer echten (also mehrwöchigen!) **Ayurveda-Kur** geht es zuerst einmal um eine ordentliche *panchakarma*-Reinigung, von außen und innen. Dafür traktieren die Ayurveda-Therapeuten ihre Patienten mit heißem Öl und Reissäckchen, mit Schwitzkasten und warmen Breiumschlägen, mit allerlei Verboten (Alkohol) und strengen vegetarischen Diäten, mit eingesottener Butter und sandig schmeckenden Verdauungscocktails, mit diversen Kräuterpulverchen und -kügelchen und sogar mit Edelmetallen. Und dennoch: Die alte, ursprünglich indische Volksmedizin boomt.

Ayurveda wird seit mindestens 3000 Jahren gelehrt und heißt übersetzt »das Wissen vom Leben«. Man behandelt somit nicht die Krankheit, sondern **den ganzen Menschen** – mit Philosophie und Psychologie, mit Physiotherapie und richtiger Ernährung. »Ein bisschen Massage, das ist noch lange kein Ayurveda«, sagte einst der 2013 verstorbene Dr. Upali Pilapitiya, langjähriger Direktor des Bandaranaike Memorial Ayurvedic Research Institute in Colombo und einer der führenden sri-lankischen Ayurveda-Ärzte. Die Zeitung »The Island« nannte ihn den »Hohepriester des Ayurveda«.

Zurück zu den drei wichtigen Bio-Energien *vata, pitta, kapha*. Sie sind von den fünf Elementen der Natur abgeleitet. *Kapha* beispielsweise verkörpert die Eigenschaften der Elemente Erde und Wasser und ist damit für den Flüssigkeits- und

Schleimhaushalt und die Widerstandsfähigkeit zuständig. Der *kapha*-Typ gilt als ausgeglichen und ruhig im Gegensatz zum tendenziell nervösen *vata*-Charakter und dem leicht aufbrausenden *pitta*-Typ.

Ist das Verhältnis der drei *doshas* nicht mehr in **Harmonie,** kommt es laut Ayurveda-Medizinern zu Krankheiten und Funktionsstörungen im gesamten Organismus, auch der Psyche. Häufigste Folgen: rheumatische Erkrankungen, Stoffwechselstörungen, Bronchitis, Hautkrankheiten, Magen-Darm-Beschwerden, Migräne, Bluthochdruck, Nieren- und Blasenleiden sowie Rückenschmerzen – allesamt Krankheitsbilder, bei denen die Ayurveda-Medizin auch ihre größten Erfolge zeigt.

Die alte Heilkunst ist entgegen der weitverbreiteten Meinung des aktuellen Kur-Urlaubtrends alles andere als eine Wellness- und Wohlfühl-Therapie. Bei der inneren Reinigung im Rahmen einer zwei- bis dreiwöchigen Kur fühlt man sich an manchen Tagen wie eine ausgequetschte Zitrone. Immerhin: Die traditionelle Blutreinigung durch Aderlass mit Blutegeln wird bei den Kur-Urlaubern nicht angewendet. Auch vor der Kombination von Metallen und anderen Substanzen, dem *rasa shastra,* mit Mitteln wie beispielsweise *naga bhasma* oder *trivanga bhasma* wird wegen des extrem hohen Blei-, Arsen- und Quecksilbergehaltes seit 2015 gewarnt – es gab mehrere regelrecht vergiftete deutsche Patienten aus Sri Lanka.

»Einige Leute wollen nur Geld verdienen und behaupten, sie hätten sogar Krebs mit Ayurveda geheilt. Das ist unmöglich. Man kann der Krebserkrankung mit Ayurveda sicherlich vorbeugen, aber sie nicht heilen.«
Dr. Upali Pilapitiya

Was jedoch auf den ersten Blick wie eine mittelalterliche Folterszene aussieht, ist der Höhepunkt jeder Ayurveda-Kur: die *shirodhara*-Stirnmassage. Langsam rinnt warmes Sesamöl aus dem Messingtopf auf die Stirn, läuft die Schläfen entlang bis hinter die Ohren. Es kitzelt ein bisschen, aber entspannt auch ungemein. Und der krönend wohltuende Kurabschluss ist das Bad in einem Meer aus Lotos und Frangipani-Blüten.

Empfehlenswerte Resorts und Spas: www.srilanka-botschaft.de

FLORA UND GÄRTEN

Ein Farbenwettstreit in der Flora! Nach ein paar Tagen Rundreise wundert man sich, wieviel Grüntöne es in diesem Land wohl noch geben mag.

Üppige Blütenpracht

Kaum zu glauben, aber die vergleichsweise kleine Insel gehört zu den artenreichsten Ländern in Asien – mit etwa 3360 blühenden Pflanzenfamilien! Allein rund 100 wildwachsende **Orchideenarten** gedeihen hier. Nicht wegzudenken aus Sri Lanka sind der allgegenwärtige Lotos als (buddhistisches) Nationalwahrzeichen und die weißen Tempelblüten des Kanonenkugelbaums, die betörend duftenden Frangipani-Bäume und nicht zu vergessen üppig wuchernde Rhododendronbüsche, feuerrot strahlende Flamboyantbäume und Hibiskus, der in ganzen Kaskaden von Mauern und Hauswänden fällt.

Der Bodhi-Baum

Eine Sonderrolle in der Flora spielt der berühmteste Baum Sri Lankas: Den hochverehrten, weil heiligen Bodhi-Baum in Anuradhapura betrachten die Buddhisten auch als den weltweit ältesten Baum überhaupt, gewachsen aus einem indischen Zweig im 3. Jahrhundert v. Chr. Der Sri Maha Bodhi in Anuradhapura ist ein Ableger der ursprünglichen Pappelfeige *(Ficus religiosa)*, unter der **Buddha** im nordindischen Bodh Gaya vor 2500 Jahren seine Erleuchtung fand (die jedoch später gefällt wurde und wiederum durch einen Ableger aus Sri Lanka ersetzt wurde). Vielleicht steht in manch guter Stube hierzulande ein Ableger unbeachtet als Zimmerpflanze in der Ecke.

Die Lotosblume

Die wunderschöne langstielige Lotosblume *(Nelumbo nucifera)* ist die spirituellste aller Pflanzen. Sie blüht in vier bzw. fünf Farben (Weiß, Rosa, Rot und Lila; die blaue gehört zu den See-

Lotosblumen sind das Symbol für Reinheit und Erleuchtung. In Kandy werden sie am Eingang des Zahntempels als Opfergaben verkauft.

rosen, streng genommen eine andere Pflanzenfamilie) und wird von Buddhisten und Hinduisten sowie Christen (Seerose) verehrt. Da ihre Wurzeln im Schlamm der Teiche liegen und die hübschen Blüten oben auf dem Wasser schwimmen, gilt sie als Symbol für **Reinheit,** die Blüte allein steht für einen reinen **Geist** und die **Erleuchtung.** Wer bei Buddha-Statuen genau hinschaut, sieht oft die geöffnete Blüte als Sitz des Buddhas oder Thron. Samen, Frucht, Blätter und Stiel werden in der Küche und als Heilmittel verwendet, die robusten Blätter auch zum Einpacken von Snacks.

Botanische Gärten und Naturparks

Die farbenprächtigste Übersicht über die sri-lankische Flora geben die Botanischen Gärten in **Peradeniya** bei Kandy und in **Hakgala** bei Nuwara Eliya. Die schönsten Naturparks sind die **Adam's Peak Wilderness,** die **Horton Plains** und die **Knuckles Mountain Range,** allesamt seit 2010 zum UNESCO-Weltnaturerbe gehörend. Aber auch private Gärten wie der Brief Garden, Lununga Estate bei Beruwala und Richmond Castle bei Kalutara geben einen Eindruck von der Vielfalt der Flora auf der Insel – und eigentlich auch jeder Hotelgarten.

WILDLIFE UND SAFARI

Fernglas und Teleobjektiv nicht vergessen! Bei Wildtieren ist die Konkurrenz zum Menschen ein konfliktreiches Thema. Ihr Habitat wird zunehmend zerstört.

Der Elephas maximus maximus

Vor rund 100 Jahren sollen noch rund 10 000 wilde Elefanten auf traditionellen Routen zu ihren Wasser- und Futterstellen über die Insel gestreift sein, heute sind es noch maximal 5800 Tiere – nach Indien ist dies die größte Population in Asien. Die grauen Riesen gelten als **heilige Wesen** für Buddhisten und Hindus und zieren in Sri Lanka unzählige Firmenlogos, von der Zementfabrik über die Bank bis zum Parteilogo. Bei einer *perahera* treten sie als geschmücktes Reittier und Träger von heiligen Reliquien auf. Nicht selten sind Begegnungen mit frei lebenden Elefanten sogar fast an der Tagesordnung – in der dschungelartigen Gegend rund um Habarana im Zentrum der Insel, an der Ostküste, etwa bei Arugam Bay, oder nahe Trincomalee. Zunehmend wird der sri-lankische Elefant *(Elephas maximus maximus)* jedoch in die Nationalparks verdrängt – zu seinem Schutz vor Wilddieben, Verkehrsunfällen und Konflikten mit Dorfbewohnern – und zum Schutz der Menschen auf der viel zu kleinen Insel.

Der Leoparden-Hotspot

Die gepunkteten Wildkatzen sind zweifellos die Stars einer jeden Safari. Vom endemischen Sri-Lanka-Leopard *(Panthera pardus kotiya)* hat man allein 50 Exemplare im Nationalpark Yala West gezählt – eine der höchsten Konzentrationen weltweit! Die Wildkatze gilt dennoch – oder gerade wegen dieser Werbung – als **stark gefährdet**. Schätzungen gehen von bis zu 600 wild lebenden Tieren aus. Ältere Sri Lanker erinnern sich noch an die Geschichten ihrer Großeltern, als vor rund 100 Jahren noch mehr als 1500 Leoparden über die Insel streiften. 1924 tötete ein Wildjäger im Osten Sri Lankas eine der Großkatzen, nachdem sie mindestens zwölf Menschen gefressen hatte. 2014 kam es zu der tödlichen Attacke eines Leoparden im Hochland, wo seit 2016 wieder vermehrt von Angriffen auf die Teepflückerinnen bei Hatton berichtet wird. Auch im Zusammenhang mit den an manchen Tagen bis zu 600 Safari-Jeeps in den Nationalparks Yala und Wilpattu kommt es immer wieder zu Zwischenfällen, bei denen Touristen wie Wildkatzen verletzt oder getötet werden.

Der Lippenbär

So kuschelig-tapsig er auch daherkommt, etwa wie im Wilpattu Nationalpark, es ist Vorsicht geboten: Der Lippenbär ist gefährlich, also beim Selfie bloß nicht zu weit aus dem Jeep lehnen. Der *Melursus ursinus* ist immerhin einer der **Big Five** in Sri Lanka – neben Elefanten, Leoparden, Wasserbüffeln und den Blauwalen. Es soll nur noch rund 1000 Exemplare in sehr isolierten Gegenden in den Nationalparks geben, weshalb der Lippenbär auf der Liste der gefährdeten Arten steht. Zu schaffen macht ihm vor allem die fortschreitende Zerstörung der Trockenzonen, die zu seinem bevorzugten Habitat gehören.

In den Nationalparks und Naturschutzgebieten erspäht man mit Glück, Geduld und einem guten Fernglas Bären, Elefanten und Leoparden. Pfauen, Reiher, Rotwild, Makaken und andere Affenarten sowie Krokodile sind dagegen fast garantiert zu sehen.

Die Giganten der Ozeane

Blau- und Pottwale passieren die Insel auf ihrem Weg zwischen Arabischem Meer und dem Golf von Bengalen. Besondere **Hotspots** sind die Nordostküste oberhalb von Trincomalee und der südlichste Küstenabschnitt zwischen Galle und Mirissa. Beim Ausatmen stoßen die Blauwale eine bis zu zwölf Meter hohe Wasserfontäne aus, beim Einatmen kommen die Tiere weiter als andere Artgenossen mit ihrem Oberkörper aus dem Wasser – sehr zur Freude der Fotografen.

FESTKALENDER

Januar
Duruthu Perahera, Kelaniya
bei Colombo
Am Vollmondtag feiert man
im ganzen Land den (historisch nicht belegten) Besuch
Buddhas auf Sri Lanka – in
Kelaniya mit einer Elefantenprozession.

Januar-Vollmond

Thai Pongal
Auch bei Vollmond begehen
die Hindus das Erntedankfest
zu Ehren des Sonnengottes
Surya. Das Wegwerfen alter
Dinge symbolisiert den Neu-
anfang. Ähnlich wie beim
Neujahrsfest kocht man *Pongal*, einen großen Topf Milchreis, der überkochen muss.

Januar-Vollmond

Februar
Tag der Unabhängigkeit
Mit Paraden und Umzügen
erinnert man an die Unab-
hängigkeit von Großbritannien im Jahr 1948. Die Schu-
len und Behörden bleiben an
diesem Tag natürlich ge-
schlossen, die Theater und
Tempel sind voll.

4. Februar

Navam Perahera, Colombo
Prozession mit Elefanten,
Tänzern und Gauklern, die
an das erste buddhistische
Konzil erinnert.

Februar-Vollmond

Maha Shivarathi
Die Nacht des Shiva. Zur Feier der Vereinigung Shivas mit
seiner Gattin Parvati bringen
gläubige Hindus Opfergaben
in die Tempel.

Ende Februar, Gangaramaya-Tem-
pel, Colombo

März/April
Mit Prozessionen und Passi-
onsspielen erinnert die
christliche Bevölkerung an
das Leiden Christi (besonders
in Negombo).

Ostern

April
Aluth Avurudu
Meist in der Nacht vom 13.
auf den 14. April beginnt das
traditionelle zweiwöchige
Neujahrsfest der Buddhisten
und Hinduisten, gleichzeitig
markiert dieses Datum das
Ende der Ernte- und den Beginn der Regenzeit. Hausputz

und neue Kleider, Trommel-
rhythmen und rituelle Speisen gehören dazu.

Mitte April (meist 13./14. April)

Mai
Vesak

Das wichtigste Fest der Buddhisten, gleichzeitig zur Geburt, Erleuchtung und Tod
Buddhas.

Mai-Vollmond

Juni
Poson

Am Jahrestag der Ankunft
des Buddhismus auf der Insel
wird Mihintale – der Ort, an
dem der indische Missionar
Mahinda den sri-lankischen
König Devanampiya Tissa
bekehrte – zum Pilgerziel.

Juni-Vollmond

Juli/August
Esala Perahera, Kandy

Zehn Tage bzw. Nächte ziehen
festlich geschmückte Elefanten, begleitet von Trommlern,
Tänzern, Musikern und Feu-
erschluckern, vom Zahntempel aus durch die alte Königsstadt. Einer von ihnen trägt
die bedeutendste Reliquie des
Landes – den vermeintlichen
Eckzahn Buddhas.

Juli- oder August-Vollmond

Wallfahrt nach Kataragama

Am Wallfahrtsort wird zwei
Wochen lang zu Ehren des
hinduistischen Kriegsgottes
Skanda gefeiert, dem Sohn
Shivas – mit Elefanten-Pro-
zessionen, vor allem aber mit
individuellen Bußen und
Selbstkasteiungen.

Esala Perahera, www.kataragama.
org

Vel

Hindus feiern die Vereinigung des Kriegsgottes Skanda
mit seiner Gemahlin Valli.
Der Vel (Dreizack), Symbol
des Gottes, wird ebenfalls
zum Vollmond in Colombo
und Jaffna in einer riesigen
Prozession auf einem vergoldeten Tempelwagen von ei-
nem Tempel zum anderen
gezogen, begleitet von Hun-
derten Gläubigen.

Juli-Vollmond

November
Diwali

Die Hindus feiern mit diesem
Lichterfest den Sieg des Guten über das Böse. Die Tempel sind von Öllampen er-
leuchtet, und Familien treffen
sich zum gemeinsamen Fest-
mahl.

November-Neumond

MODE UND
MONDSTEINE

Die Palette ist schier endlos: Von Saris über Edelsteine bis
Teufelsmasken – was nicht in den Koffer passt, wird per
Container verschifft.

Sari und Sarong
Eine Augenweide: Viele sri-lankische Frauen tragen noch immer den traditionellen Sari, vor allem bei festlichen Anlässen.
Das landestypische Kleidungsstück besteht aus einer sechs (!)
Meter langen Stoffbahn. Mit einer bestimmten **Wickeltechnik**
wird das meist farbenfrohe Textil um den Körper geschlungen
und mit höchster Anmut getragen. Die Männer außerhalb der
Städte sind oft noch mit einem wadenlangen und schön luftigen Hüfttuch gekleidet: Der Sarong ist nicht offen, wie das allgegenwärtige Strandtuch, sondern zugenäht. Man(n) steigt
hinein, faltet von einer oder beiden Seiten (links und rechts)
etwas um – aber immer zweimal, das ist wichtig, damit das
Bein genug Freiheit zum Laufen hat – und rollt es oben an der
Hüfte rundum fest.

Spitze geklöppelt!
Die Portugiesen importierten die Kunst des Spitzenklöppelns,
die sich besonders **rund um Galle** bei älteren Frauen immer
noch großer Beliebtheit erfreut. Taschentücher, Tischdecken,
aber auch ganze Bettdecken und Handtaschen kann man den
Klöpplerinnen direkt abkaufen oder in speziellen Frau-
en-Hilfsprojekten erstehen.

Batik to go
Batikbekleidung nach ursprünglich indonesischem Vorbild
und Batikgemälde sind in Sri Lanka allgegenwärtig. Die klassischen Motive stammen meist aus dem Reich der Tiere und der

Eine der zahlreichen Schmuckwerkstätten, in denen u. a. Mondsteine verarbeitet werden. Sri Lanka besitzt die bedeutendsten Lagerstätten dieses Minerals.

Legenden (Pfau, Elefant, Wolkenmädchen) – Florales oder Kitsch as Kitsch can mit Palmen, Strand und Sonnenuntergang. In **Batikwerkstätten** kann man den Künstlern entlang der Südwestküste oder in Kandy über die Schulter schauen und manchmal auch selbst mit Drahtpinsel und heißem Wachs Hand anlegen.

Der Ruf der Edelsteine

Der Ruf der »Juweleninsel« lockte schon arabische Seefahrer und chinesische Händler an die ceylonesische Küste. Der wohl bekannteste Edelstein aus Sri Lanka schmückt heute die britische Krone: ein 400-karätiger blauer Saphir. Die Vielfalt ist riesig, zu den Preziosen zählen unter anderem Rubine und Topase, Turmaline und Aquamarine, Amethyste und Zirkone, Katzenaugen und Mondsteine. Ihr Wert wird bestimmt nach Farbe und Gewicht (Karat), und auch Härte, Transparenz und Glanz spielen eine Rolle. Eine Wissenschaft für sich, und daher kauft man Edelsteine am besten nur bei staatlich anerkannten Juwelieren der **Gem & Jewellery Exchange** in Colombo. Dort können die Steine im Zweifelsfall gratis auf ihre Echtheit geprüft werden.

KULINARIK

Rice & Curry ist die Seele der sri-lankischen Küche, hochexplosiv. Die gute Nachricht: Es gibt auch milde Currys, und für Vegetarier ist Sri Lanka das Paradies.

Frühstück und Snacks

Eine sri-lankische Besonderheit zum Frühstück sind **Hoppers** – Pfannkuchen aus Reismehl und Kokosmilch in Form einer Halbkugel, gestapelt oder wie die **String Hoppers** rundgepresst als Beilage zum Curry. Würzige Saucen oder **Sambols** sorgen für Geschmack. Für den Hunger zwischendurch gibt es den **Roti-Shop** mit den namensgebenden Pfannkuchen – ganz nach Wunsch mit Gemüse und Fleisch oder auch mit süßen Mischungen gefüllt. Vorsicht vor den unscheinbaren **Malu Paan:** Dies sind oft sehr scharfe, mit Fisch gefüllte Teigtaschen **(Rolls:** mit Huhn oder Fisch), und **Cutlis** sind Fisch- oder Fleischbällchen. Aus der tamilischen Küche kennt man **Thosai**, gefüllte Reisfladen, und **Idli,** gedämpfte Reisküchlein.

Zu Tisch: Rice & Curry

Vorweg eine Klarstellung: Curry ist kein simples gelbes Pulver, und ein sri-lankisches **Rice & Curry** besteht nicht nur aus einem einzigen Gericht. Man sollte also Hunger mitbringen und darauf gefasst sein, dass der Kellner eine ganze Palette von kleinen Schälchen serviert. Das Hauptcurry ist meist ein Fisch-, Fleisch- oder Gemüsecurry und wird ergänzt durch mindestens zwei weitere Gemüsecurrys sowie **Dhal,** ein Linsencurry. Nicht fehlen dürfen **Pappadam** (knusprig-knackige Fladen), **Malum** (ein Salat aus gehacktem Blattgemüse und Kokosnuss) und **Hodda** (eine Kokosmilch-Gewürz-Sauce). So ist jedes Rice & Curry ein Gaumenschmaus aus unterschiedlichen Aromen – süßlich, säuerlich und würzig. In verschiedenen Schärfegraden, je nach Farbe: Rote Currys sind chilischarf, weiße Currys auf Kokosmilchbasis lassen Milde am Gaumen walten.

Traditioneller Kottu Roti, Hopper oder Chicken Boti: Sri Lanka ist auch ein Freudenfest für den Gaumen.

Im siebten Gewürzhimmel

Pfeffer, Muskat, Kardamom, der berühmte Ceylon-Zimt und viele andere Würzzutaten gedeihen im tropischen Klima vortrefflich. Jede sri-lankische Frau schwört übrigens auf ihre ganz persönliche Gewürzmischung fürs Hausfrauen-Curry, die nichts mit jenem gelben Pulver zu tun hat, das in Mitteleuropa als Curry verkauft wird. Das echte Curry bzw. die -paste besteht aus **bis zu 40 Zutaten,** die im Mörser zusammengemixt werden – etwa Chili, Koriander, Curryblätter und Senfkörner. Einen guten Überblick geben die Kräuter- und Gewürzgärten am Wegesrand.

Chutneys, Pickles und Sambols

Kein Gericht ohne **Chutneys,** die leckeren, süß-sauer eingekochten Konfitüren. Auch **Pickles** und **Sambols,** scharfe Gemüsemischungen, gehören meist zum Begleitprogramm. Ein unverzichtbarer Klassiker ist Pol Sambol, eine Mischung aus frischen Kokosraspeln, die durch eine gute Portion Chili, Zitronensaft, fein geschnittene Tomaten und Zwiebeln Feuer bekommen.

Auf den Märkten findet man auch Rote Bananen. Sie sind ein wenig dicker, haben mehr Aroma als ihre gelben Verwandten und sind süßer.

Zum Nachtisch eine Vitaminbombe

Ein Eldorado für Vitamin-Fans: Klassiker wie Banane, Ananas oder Papaya sind rund ums Jahr verfügbar und fehlen auf keiner Obstplatte. Weniger bekannt: die **Rambutan**, eine haarige Verwandte der Lychee, die **Mangostan** mit ihrem feinen weißen Fruchtfleisch, die süß-säuerliche **Guave** oder der **Holzapfel** mit cremigem Fruchtfleisch, das besonders gern zu Saft gepresst oder zu Konfitüre verarbeitet wird. Die riesige **Jackfrucht** wird im Fruchtsalat verwendet oder kommt in den Kochtopf, wo sie unreif zu einem Curry verkocht wird. Bei der berühmt-berüchtigten **Durian** scheiden sich die Geister. »Stinkt wie die Hölle und schmeckt wie der Himmel«, heißt es. Wer sich über den – je nach Reife – fauligen Geruch hinwegsetzt, stößt jedoch zum cremigen Fruchtfleisch vor.

Süße Versuchungen

Curd ist ein Joghurt aus Büffelmilch, der mit Palmsirup etwas milder im Geschmack daherkommt. **Kirbath,** ein Reispudding mit Kokosmilch, ist eine Festtagsspeise, die auch als Weihgabe im Tempel dargebracht wird. Nicht zu vergessen: der **Watalappam**, ein Pudding aus Eiern und Kokosmilch. Zu den süßen Kleinigkeiten für zwischendurch gehören die Sesambällchen namens **Thalaguli** oder die zuckersüßen **Rasagullas.**

Durstlöscher

Eine gute Wahl sind stets frisch gepresste Fruchtsäfte oder der wohlschmeckende Saft der Königskokosnuss, der **Thambili.** Zum würzigen Essen schmeckt das auf der Insel gebraute **Lion Beer.** Wein muss importiert werden und ist entsprechend teuer. Das beliebteste alkoholische Getränk einheimischer Männer ist der Palmschnaps **Arrak.** Er wird auch vielen tropischen Cocktails beigemischt. Rohstoff für die Destillation von Arrak ist **Toddy,** der Blütensaft der Zuckerpalme, der schnell zu gären beginnt.

Wo essen? Zum Beispiel im Kopi kade

Es handelt sich hierbei um ein relativ **schlichtes Lokal,** vor allem in den Provinzorten, eine Art Café, in dem die Sri Lanker speisen. Wer sich hineintraut, wird mit unverfälschter einheimischer Kost versorgt, inklusive der Schärfe. Die Schüssel mit Zitronenwasser dient übrigens der Reinigung der rechten (!) Esshand. Keine Sorge: Niemand verhungert in Sri Lanka, es gibt unzählige Fast-Food-Lokale, Büffet-Restaurants, China-Restaurants und in den Großstädten und Touristenorten auch internationale Küche mit Pizza, Pasta & Co.

Vom Betelnusskauen

Manche Sri Lanker schwören auf die beruhigende, meist appetitzügelnde Wirkung der Betelnuss. Viele Ältere – meist zu erkennen an den charakteristisch rötlich bis schwarz verfärbten Lippen und Zähnen – kauen bis zu 40 Blätter am Tag und setzen sich damit einem erhöhten **Krebsrisiko** aus. Das Betelnusskauen kann in einem Gewürzgarten einmal ausprobiert werden: Ein Betelblatt wird belegt mit Kalk, zerdrückter Betelnuss, Nelken, Kardamom, Kautabak und Muskatnuss und schließlich zum Paket gefaltet – wohl bekomm's.

KULINARISCHES LEXIKON

Acharu: scharfer Obstsalat
Aggala: Bällchen aus geröstetem Reismehl, Sirup und gemahlenem Pfeffer
Ambhul thial: scharf säuerliches Fischcurry

Bandakka: Okraschoten
Bibikan: kleine Kuchen aus Kokosraspeln und Cashewnüssen
Brinjal Samboll: Auberginen-Sambol

Chutney: süß-saure oder scharf-pikante Würzsauce
Country Rice: roter, ungeschälter Reis
Curd: Joghurt aus Büffelmilch
Cutlis: mit Huhn oder Fisch gefüllte Teigtaschen

Devilled Chicken: scharf angebratenes Hähnchengericht. Auch Fisch und Meeresfrüchte gibt es »devilled«.
Dhal: mild gewürztes Linsencurry

Egg Hoppers: Hoppers mit gegartem Ei in der Mitte

Ghee: geklärte Butter (unverzichtbarer Bestandteil der ayurvedischen Küche)

Hodda: Sauce aus in Kokosmilch eingekochten Gewürzen
Hoppers: Pfannkuchen aus Reismehl und Kokosmilch mit charakteristischer Muldenform

Idli: kleine gedämpfte Fladen aus Reismehl

Jackfruit: Riesenfrucht, die reif als Obst gegessen, unreif im Curry gekocht wird
Jaggery: Palmzucker
Jardi: Curry aus Trockenfisch

Katta Samboll: Gewürzpaste aus Chili, Zwiebeln, Fisch und Limonen
Katu dodol: geleeartiger Pudding aus Palmhonig, Cashewnüssen und Kardamom
Kevum: frittierte Küchlein aus Reismehl und Sirup
Kiri hoddy: weißes Curry auf Kokosmilchbasis mit milder Schärfe

Kiribath: Milchreis auf Kokosmilchbasis
Kola kanda: cremige Suppe mit dem Saft grüner Kräuter

Lampries: Reis mit Fleisch/Fisch und Gemüse, im Bananenblatt gebacken

Malu paan: Pasteten mit Fisch-Kartoffel-Füllung
Malum: Salat aus gehacktem Blattgemüse und Kokosnuss
Miris malu: Chilifisch

Panni: Palmhonig
Pappadam: knusprige Brotfladen aus Linsenteig
Pattis: kleine Pasteten
Pickles: würzig eingekochte Gemüsemischungen
Pittu: gedämpfte Küchlein aus Reismehl und Kokosraspeln
Pol Sambol: Kokos-Sambol
Polrotti: Brotfladen aus Mehl, Kokosraspeln und Gewürzen

Rasagullas: süße Kugeln auf Kokosbasis
Rathu issa: Garnelencurry
Red Curry: chilischarfes Currygericht
Rice & Curry: Reis mit verschiedenen Currys und Snacks

Roti: kleine Brotfladen zum Frühstück oder als Snack

Sambar: Kichererbsen-Curry mit Gemüse
Sambol: rote Chilipaste
Seerfish: spanische Makrele (einer der beliebtesten Speisefische Sri Lankas)
String hoppers: lockere Fladen aus dünnen Teigfäden, zum Frühstück oder Curry

Thalaguli: Sesambällchen
Thambili: Königskokosnuss, deren Wasser ein erfrischendes und nahrhaftes Getränk ist
Thosai: dünne Pfannkuchen, die man mit Curry und Sambol zum Frühstück isst, tamilische Spezialität

Uttapam: in Öl ausgebackener Reispfannkuchen

Vadai: Snack zum Tee aus Bohnenpaste und Reismehl

Watalappam: Eierpudding mit Jaggery, Kokosmilch, Gewürzen und Cashewkernen
White Curry: mildes Curry auf Kokosmilchbasis
Woodapple: Holzapfelfrucht, die zu Saft und Konfitüre verarbeitet wird

UNTERWEGS AUF SRI LANKA

Der wunderbare Unawatuna Beach im Süden des Landes gehört zu den bekanntesten und beliebtesten Stränden von Sri Lanka (s. S. 92).

COLOMBO UND DIE WESTKÜSTE

Jaffna-Halbinsel
und die Ostküste

Kulturdreieck/
Königsstädte

Colombo und
die Westküste

Kandy und
das Hochland

Galle und die
Südküste

Eine gemütliche Hauptstadt mit der Sinnlichkeit Asiens, reichlich Kolonialflair und großem Hunger auf Zukunft. Die Strände in der Umgebung Colombos sind traumhaft. Auch hier sind die Tempel und Dschungel-Abenteuer immer nur einen Katzensprung vom Badelaken entfernt.

Moderne Bürotürme erheben sich neben den architektonischen Zeugen der Kolonialzeit. Im alten Händlerviertel **Pettah** lässt sich noch ein Hauch von Orient mit allen Sinnen erleben. Colombo ist keine schillernde Metropole – ein oder zwei Tage reichen, um die spannendsten Facetten der Inselhauptstadt kennenzulernen. Danach geht's vom typisch asiatischen Gewusel an die herrlichen Strände.

Die Wolkenkratzer entlang der **Galle Road** werfen immer längere Schatten in der sri-lankischen Hauptstadt, wo Jahrzehnte lang nur die beiden Türme des **World Trade Centers** und der runde **Bank of Ceylon-Tower** die Skyline geprägt hat-

Vom Seema Malaka Tempel aus geht der Blick über den Beira Lake auf die Skyline von Colombo.

ten. Heute kaum vorstellbar, dass Colombo einst aus einem Fischerdorf entstanden ist. Die geschäftige Metropole verspricht eine Zeitreise auf den Spuren der englischen und holländischen Kolonialherren. Denn ob im Bezirk **Fort** oder in **Pettah,** die mehr oder weniger prächtigen Kolonialbauten und Kirchen geben der durch und durch asiatischen Kulisse eine Prise viktorianischer Eleganz.

Im frühen 16. Jh. erreichten die Portugiesen als erste Europäer die Küste Ceylons, bauten zur Sicherung des Hafens ein Fort und tauften die Stadt **Kolamba** (Singhalesisch für »Hafen«), woraus die Briten später Colombo machten. 1656 eroberten die Niederländer das Fort, 120 Jahre später folgten die Briten, die Colombo zum wichtigsten Hafen der Insel ausbauten. Nach der Unabhängigkeit des Landes 1948 blieb Colombo Hauptstadt – allerdings liegt der Regierungssitz seit 1982 in **Sri Jayawardenepura** im Südosten der Hauptstadt.

Im Norden und immer weiter südwärts erstrecken sich die schier **endlosen Strände.** Von Palmenhainen und Fischerdörfern gesäumt, zieht es Sonnenhungrige und Wassersportler an die Nordwest- und Westküste. Doch Vorsicht: Die **Brandung** hat es in sich! Die Brecher sind wirklich umwerfend und verhindern oft das Schwimmen im aufgewühlten Meer, besonders in der Monsunzeit zur Nebensaison. Im Hinterland lohnen sich Ausflüge in die weiten **Lagunen,** wo sich in den Mangroven und dem Dschungel noch viele Wildtiere tummeln.

Die Jamiul-alfar-Moschee im Basarviertel Pettah ist eine der ältesten Moscheen in Colombo. Wegen ihres Aussehens wird sie auch »Rote Moschee« genannt.

COLOMBO A8

Stadtplan S. 62/63
750 000 Einwohner

Sehenswertes

❶ FORT-DISTRICT

Zwei Kanonen am Nordende des Galle Face Green erinnern an das eigentliche Fort, die alte Festung, die längst abgetragen wurde. Heute bezeichnet der Name Fort das Stadtviertel, das von den Briten ausgebaut wurde und zum Geschäftszentrum Colombos geworden ist.

Hier mischen sich Kolonialbauten, z. B. der 1857 erbaute **Clock Tower** an der Chatham Street, mit den Wolkenkratzern der modernen Stadt wie der **Bank of Ceylon** und den Doppeltürmen des **World Trade Center.** Um die Ecke vom Uhrturm liegt, in einem Garten versteckt und weiträumig abgesperrt, das **President's House** – früher die Stadtresidenz des britischen Gouverneurs, heute die offizielle Residenz des Ministerpräsidenten.

An der York Street werden Nostalgiker vom auffälligen **Cargill's and Miller's Building,** dem ältesten Warenhaus der Stadt aus der Mitte des 19. Jh., begeistert sein – leider lässt man das historische Gebäude augenscheinlich in letzter Zeit verfallen, im Innern gibt es nur noch ein Fast-Food-Lokal und einen Supermarkt. Das junge Colombo indes shoppt in den schicken Malls und trendigen Shops von Cinnamon Gardens und Kollupitiya.

Der Hafen ist aus Sicherheitsgründen für Besucher gesperrt, sofern nicht gerade ein Kreuzfahrtschiff hier anlegt. Aus dem Restaurant des kolonialen **Grand Oriental Hotel** kann man jedoch einen Blick erhaschen.

MERIAN EMPFEHLUNG

❷ BASARVIERTEL PETTAH

Männer ziehen schwer beladene Karren durch schmale Straßen und balancieren Körbe auf ihren Köpfen. Vor den Tea Shops stehen Arbeiter und Geschäftsleute für Rotis und Milchtee Schlange, während Hausfrauen an Gewürzsäcken schnuppern. In den Konfektionsgeschäften stapeln sich Batiksarongs und Saris, in der Seastreet blitzt und blinkt es aus den zahllosen Goldgeschäften, und Ayurveda-Spezialisten begutachten in der Gabo Lane die Auslagen der Naturmedizinhändler. Ein mitreißendes und manchmal ohrenbetäubendes Gewusel voller Exotik und fremder Gerüche, wenn auch nicht immer mit Jasmin-Note.

Laut und schmutzig, farbenfroh, multikulturell und multireligiös – das ist das Pettah-Viertel. Es behauptet sich als letzte Nische des alten Asiens in Colombo, wo sich die Duftschwaden von Currymischungen, Räucherstäbchen und Abfall zu einer exotischen Melange vereinen. Statt buddhistischer Dagobas reihen sich hier Moscheen und Hindu-Tempel aneinander, denn wie eh und je liegt der Handel hier in den Händen der arabischstämmigen Moors und hinduistischen Tamilen.

Echte Hingucker sind die rot-weiß gestreifte, 1908 erbaute **Jamiul-alfar-Moschee** in der 2nd Cross Street (während der

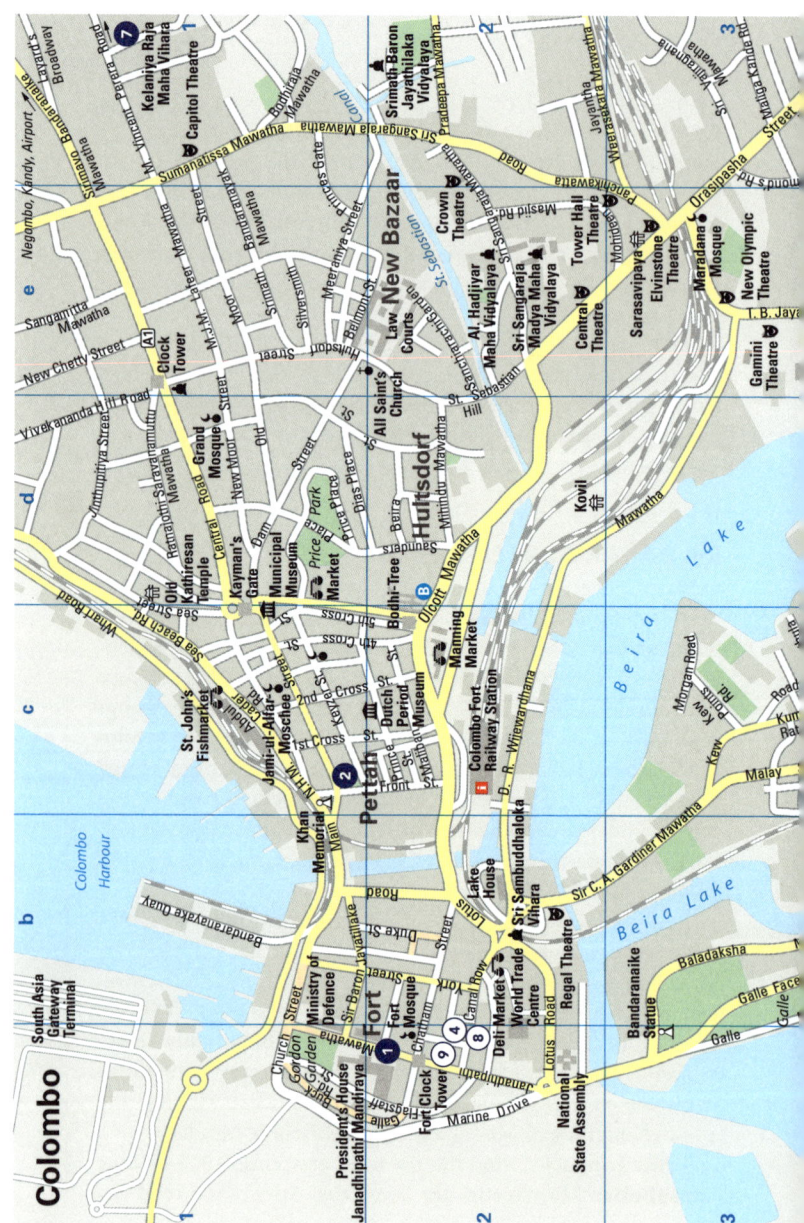

Colombo

Maradana

General Hospital

Viharamahadevi Balika Vidyalaya

Mahabodhi Vidyalaya

Excel World Entertainment Park

Hyde Park Road

Hyde Park Corner

Park Street

Braybrooke St.

Braybrooke Place

Braybrooke Road

Union Place

Dawson Street

Yauxhall Street

Empire Theatre

Deans Road

De Soysa Circus

Devatagaha Mosque

T.R. Somanayake Mawatha

Town Hall

Viharamahadevi Statue

Viharamahadevi Park

Mini Zoo

Public Library

War Memorial

Hunupitiya

Gangaramaya Tempel

Ramakrishna Mawatha

Sir Marcus Fernando Mawatha

Sir Kunarasswamy Mawatha

National-museum

Art Gallery

J. da Silva Mem. Theatre

New Town Hall

Srawasthie Glass House

C.W.W. Kannangara Mawatha

Norris Canal Road

Ward Place

Rosmead Place

Barnes Place

Place

Place

Horton Place

Albert Crescent

Gregory's Road

Maitland Crescent

Independence Ave.

Guildford Crescent

Lionel Wendt Theatre

St. Bridget's Convent

CCC Ground

Cinnamon Gardens

Race Course Ground

Bauddhaloka Mawatha

Rajakeeya Mawatha

Chandruwa

Ananda Rajakaruna Mawatha

Dharmapala Mawatha

Sir Ernest de Silva Mawatha

C.M.S.

C.M.S. College

Ladies's College

Unity Place

27th Lane

Kollupitiya

Bishop's College

Boyd Place

Aranda

Slave Island

Sir James

Amusement Park

Perahera Mw.

Beira Lake

Alwis Place

R.A. de Mel Mawatha

Carmel Road

St. Margaret's Convent

Mohamedin Mel

St. Michael's Mawatha

St. Michael's Church

Mawatha

Dean's Road

Deanston Place

Deal Place

Kollupitiya

R. Palm Grove

Abdul Caffoor Ave.

Sea View Avenue

Seram Lane

Maha Mawatha

Maha Lane

R.A. de Mel Mawatha

Maitkarama Road

Lane

Padris Road

C.M.S.

Christ Church

Macan Mawatha

Sir Market

R.A. de Mel Mawatha

St. Andrew's Church

Church St.

Stewart St.

De Mel Park

Sri Sucharita Maha Vidyalaya

Bishop's House

The Temple Trees

Rotunda Gardens

Galle

Kollupitiya Railway Station

Green Drive

Road

Indischer Ozean

N

0 ——— 450 m

© MERIAN-Kartographie

63

SEHENSWERTES

1 Fort-District

2 Basarviertel
Pettah 🚩

3 Galle Face Green

4 Gangaramaya-
Tempel

5 Nationalmuseum

6 Cinnamon Gardens

7 Kelaniya Raja Maha
Vihara

ÜBERNACHTEN

1 Galle Face
Hotel 🚩

2 Cinnamon Grand
Colombo

3 Tintagel

ESSEN UND TRINKEN

4 Heladiv Tea Club

5 The Bayleaf

6 Cricket Club Café

7 Gallery Café

EINKAUFEN

8 Dutch Hospital
Shopping Precinct

9 Barefoot

10 Paradise Road

11 Sri Lanka Tea
Board Shop

ABENDGESTALTUNG

12 Elevate

Gebetszeiten nicht zu besichtigen, sonst nur mit Kopfbedeckung, Frauen haben generell keinen Zutritt) und die beiden
dem Kriegsgott Skanda geweihten Hindu-Tempel – **Old und
New Kathiresan Temple** – in der Seastreet. Über die holländische Kolonialzeit informiert das **Dutch Period Museum** (Di–
Sa 9–17 Uhr, wird derzeit restauriert, Wiedereröffnungstermin
unbekannt) in der Prince Street.

3 GALLE FACE GREEN

Hier genießen die Großstädter das Wochenende. Das Galle
Face Green ist nicht die schönste, aber die belebteste Grünflä-
che der Stadt. Zwischen Garküchen, Luftballonverkäufern und
Cricket spielenden Kindern erlebt man Asien in Reinform.
Einfach mal eintauchen, mitschlendern und mitnaschen.

4 GANGARAMAYA-TEMPEL

Im wichtigsten buddhistischen Kloster der Stadt, 1885 gegrün-
det, findet man neben Dagoba und Bodhi-Baum eine stattliche
Sammlung von Buddha-Figuren, eine Reliquienkammer und

ein kurioses Museum, in dem auch mehrere Oldtimer ausgestellt sind. Während des Februar-Vollmonds ist das Kloster Mittelpunkt einer prunkvollen Elefantenprozession.

Angegliedert ist die Meditationshalle **Seema Malaka,** die nicht nur wunderschön am Beira Lake liegt, sondern auch architektonisch herausragend ist. Kein Wunder – Geoffrey Bawa lieferte die Entwürfe. Die offene hölzerne Halle nimmt die traditionelle Architektur des Landes auf und ist von zahlreichen Buddha-Statuen umgeben. Wenn man in aller Frühe oder zum Sonnenuntergang kommt, ist es ein stimmungsvoller Ort, an dem die Erleuchtung ziemlich nah scheint.

Sri Jinaratana Rd. | www.gangaramaya.com | tgl. 5.30–22 Uhr | Eintritt 300 Rs.

❺ NATIONALMUSEUM

Im viktorianischen Prachtbau kann man eine hochkarätige Sammlung von Kulturschätzen aus den alten Königsstädten von **Anuradhapura** und **Polonnaruwa** bis **Kandy** bewundern. Zahllose Buddha-Statuen, Reliefs, Schmuck, Waffen und Palmblattmanuskripte zeugen von einer großen Vergangenheit, wenn auch etwas altmodisch präsentiert. Zu den Meisterwerken gehören Thron und juwelengeschmückte Krone des letzten Königs von Kandy.

Sir Marcus Fernando Mawatha | www.museum.gov.lk | tgl. außer Feiertage 9–17 Uhr | Eintritt 1200 Rs

❻ CINNAMON GARDENS

In den »Zimtgärten« gibt es schon lange keine Zimtplantagen mehr, aber der alte Kolonialname schmückt das vornehme Viertel im Herzen der Stadt noch heute. Stattliche Regenbäume säumen die breiten Straßen mit ihren weißen Villen, in denen einst wohlhabende Gewürzhändler und Teebarone residierten. Heute sind hier viele Botschaften eingezogen.

Rund um die schönste grüne Lunge der Stadt, den **Viharamahadevi-Park,** liegen mehrere Kolonialperlen wie das Nationalmuseum oder das Rathaus, ein weißer Kuppelbau, der dem Capitol in Washington nachempfunden wurde. Ein weiteres

Schmuckstück im Zuckerbäckerstil ist die Anfang des 20. Jh. über dem Grab eines Heiligen erbaute **Devatagaha-Moschee.**

Südöstlich des Parks befindet sich die **Independence Memorial Hall,** ein Geschenk Großbritanniens an die ehemalige Kolonie. Hier versammelte sich das erste Parlament des unabhängigen Ceylon (Sri Lanka heißt das Land erst seit 1972). Stilistisch knüpft der Bau – eine offene Säulenhalle – an die traditionelle Architektur des Landes an.

❼ KELANIYA RAJA MAHA VIHARA

Die buddhistische Anlage am Kelani Fluss ist einer der wichtigsten Tempel im Lande. Die Kelaniya Raja Maha Vihara blickt auf eine mehr als 2500-jährige Geschichte zurück, Buddha höchstselbst soll den Tempel besucht haben, so sagt die Legende. Voll wird es an den Wochenenden, wenn die Hauptstadtbewohner zu der weißen Dagoba in der architektonisch seltenen Reishaufen-Form strömen, in der Hand Blumen und Öllämpchen. Wunderschöne **Wandmalereien** (*jatakas,* Erzählungen aus dem Leben Buddhas), Statuen und Reliefs schmücken die Vihara. Originell sind die vielen kleinen Kobolde, die das Tempelgebäude zu tragen scheinen: Die *vamanas* sind als Sünder im vorherigen Leben zu diesem Schicksal bestimmt, aber ihre Last scheint sie nicht im Geringsten zu stören, so lustig wie sie dabei aussehen.

ca. 11 km nordöstl. von Colombo | www.kelaniyatemple.com | tgl. 6–19 Uhr, an Feiertagen länger

Auskunft

SRI LANKA TOURIST BOARD

80, Galle Rd. | Tel. Hotline 19 12 und 011/2 42 69 00 | www.srilanka. travel | Mo–Fr 9–12.30, 14–17 Uhr; außerdem gibt es ein Tourist Information Centre (TIC) am Colombo International Airport

Übernachten

MERIAN EMPFEHLUNG ❷

① *Der Klassiker mit viel Kolonialflair*
GALLE FACE HOTEL

Seinen 150. Geburtstag feierte das Galle Face, einst die feinste Adresse östlich von

Suez, 2014 – und die große alte Dame unter den Hotels der Hauptstadt ist elegant wie eh und je. Kann es auch nicht den Komfort eines modernen Luxushotels bieten, in puncto Charme und bewegter Historie ist das Galle Face ohne Konkurrenz. Schauspielergrößen und Politiker aus aller Welt schrieben sich ins Gästebuch ein. Wer sich die herrlichen Suiten nicht leisten mag, kommt einfach auf einen Sundowner und schnuppert auf der Terrasse am Meer ein bisschen Kolonialflair.

2, Galle Rd. | Tel. 011/2 54 10 10 | www.gallefacehotel.com | 37 Zimmer | €€€–€€€€

② *Stay, Wine & Dine*
CINNAMON GRAND COLOMBO
Hier will man gar nicht mehr weg: Mitten im Herzen der Stadt empfängt eine elegante Lobby die Gäste und verwöhnt sie mit einem wunderschönen Riesenpool unter Palmen, hervorragendem Spa und großartigen Restaurants, einige der besten in Colombo. Fans von Fisch und Meeresfrüchten geraten im The Lagoon ins Schwärmen, gehobene südindische Küche

wird im Chutneys serviert, authentisch italienische im Echo, und einen stilechten High Tea genießt man in der Tea Lounge.

77, Galle Rd. | Tel. 011/2 43 74 37 | www.cinnamonhotels.com | 501 Zimmer und Suiten | €€€

③ *Klein und sehr fein*
TINTAGEL
In der eleganten Villa wurde sri-lankische Geschichte geschrieben: Auf der Veranda wurde Solomon Bandaranaike, Premierminister ab 1956, drei Jahre nach seinem Amtsantritt erschossen. Seine Witwe Sirimavo wurde die erste weibliche Premierministerin der Welt und lebte in Tintagel bis zu ihrem Tod im Jahr 2000. Nach der Umwandlung in ein elegantes Boutique-Hotel genießen Gäste höchsten Komfort in sehr privatem, fast schon familiärem Ambiente.

65, Rosmead Pl. | Tel. 011/4 60 21 22 | www.paradiseroadhotels.com | 10 Zimmer | €€€–€€€€

Essen und Trinken

④ *Tee und mehr*
HELADIV TEA CLUB
Die perfekte Adresse für den kleinen Hunger zwischen-

Der Bandaranaike-Clan

Es war Mitte der 1990er-Jahre in Colombo. Im feinen Botschaftsbezirk Cinnamon Gardens wohnte auch »Lady B.« in ihrem Anwesen. Man musste Straßensperren und Soldaten passieren. Es war daher ruhig in dieser Straße, aber man hatte immer auch ein mulmiges Gefühl, denn schließlich herrschte Bürgerkrieg in Sri Lanka. Die Lady war die damals schon über 80-jährige Ministerpräsidentin **Sirimavo Bandaranaike.**

Die Familie Bandaranaike bestimmte mehr als vier Jahrzehnte lang das Schicksal des Landes – nicht ohne eigene Schicksalsschläge hinnehmen zu müssen. Sozusagen ein sri-lankisches Pendant zu den Kennedys. **Solomon Bandaranaike** wurde 1959 im Alter von 60 Jahren nach nur drei Jahren Amtszeit als Premierminister von einem Mönch erschossen. Die Sri Lanker wählten 1960 seine Witwe Sirimavo zur ersten Staatschefin der Welt. Für die **Sri Lanka Freedom Party** steuerte »Lady B.« einen radikal sozialistischen Kurs: Verstaatlichung von Betrieben und Teeplantagen, eine Landreform, Reisverteilung an die Armen. Fast zwei Jahrzehnte Sozialismus (mit Unterbrechungen bis 1977) führten zwar zu sozialen Errungenschaften wie dem kostenlosen Gesundheitswesen, aber auch zum Schlangestehen für die einfachsten Güter des täglichen Lebens und zum Rückzug der westlichen Investoren aus dem Inselstaat.

1994 gelang den Bandaranaikes ein spektakuläres Comeback: Gemeinsam mit der Mutter Sirimavo als Ministerpräsidentin an ihrer Seite regierte die Tochter **Chandrika Kumaratunga** sechs Jahre lang als Staatsoberhaupt das Land – fast schon eine Familientradition –, bis zum Tod von »Lady B.« im hohen Alter von 84 Jahren im Oktober 2000. Chandrika soll einmal gesagt haben, die Leitung der Staatsführung zu übernehmen sei ein wenig wie der Eintritt in ein Familienunternehmen. Ihr Bruder **Anura Bandaranaike** wurde 2005 in diesem »Unternehmen« für wenige Monate Außenminister.

Sirimavo Bandaranaike wurde 1960 Nachfolgerin ihres Mannes, der als Premierminister von einem buddhistischen Mönch ermordet worden war.

Die Tochter trafen die politischen Unruhen besonders hart: Chandrika Kumaratunga hatte durch politische Attentate zuerst ihren Vater Solomon verloren, drei Jahrzehnte später, 1988, den eigenen Ehemann (den Schauspieler und Politiker Vijaya Kumaratunga) und schließlich selbst bei einem tamilischen Attentat auf sie 1999 ein Auge.

Die Familie war nie unumstritten: Noch heute nehmen viele Sri Lanker den Bandaranaikes übel, dass sie während der britischen Kolonialherrschaft einen durch und durch englisch-aristokratischen Lebensstil pflegte und nach der Unabhängigkeit plötzlich wieder singhalesische Werte und Traditionen entdeckte. So konvertierte der Christ Solomon auf einmal zum Buddhismus und machte das Singhalesisch zur einzig offiziellen Amtssprache. Auch die Hoffnungen von Chandrika Kumaratunga, als Präsidentin endlich mit der LTTE Frieden schließen zu können, waren vonseiten des **LTTE-Führers Prabhakaran** immer wieder enttäuscht worden.

Heute erinnern viele Straßen und Plätze im Lande, der Internationale Flughafen und das Kongresszentrum an die große sri-lankische Politiker-Dynastie.

durch. Leichter Lunch, Sandwiches, göttliche Desserts und ausgezeichneter Tee. Besonders die Eistees haben eine große Fangemeinde. Abends schmecken die Strawberry Margaritas.

Old Dutch Hospital Complex | www.heladivteaclub.com | Tel. 011/5 75 33 77 | tgl. 9–24 Uhr | €

⑤ *Schicker Italiener* THE BAYLEAF

In einer Kolonialvilla wird beste italienische Küche serviert – auch im Garten unter dem Sternenhimmel. Angegliedert ist die Retro-Bar mit Cocktails (Happy Hour von 17 bis 20 Uhr) und Tapas (€).

79, Gregory's Rd. | Tel. 011/2 69 59 20 | www.bayleafcolombo.com | So–Do 11–24, Fr, Sa 11–1 Uhr | €€–€€€€

⑥ *Entspannte Atmosphäre* CRICKET CLUB CAFÉ

Ob Lunch, Dinner oder Cocktail – nicht nur Cricketfans fühlen sich in dem Gartenlokal bei westlicher und sri-lankischer Küche wohl. Der Innenraum ist mit zahlreichen Memorabilien einheimischer Crickethelden ausstaffiert. Bei den Übertra-

gungen wichtiger Matches kann man nebenbei ein bisschen Volksseele schnuppern.

12, Flower Rd. | Tel. 011/2 57 43 94 | www.thecricketclubcafeceylon. com | tgl. 7.30–23.30 Uhr | €€

⑦ *Trendlocation* GALLERY CAFÉ

Hier schlemmen die Gäste in stylishem Ambiente Ost-West-Crossover-Küche. Das Repertoire reicht von Zitronengras-Ingwer-Hähnchen bis Kürbis-Gnocchi. Legendär sind die Cocktails (Strawberry Margharita oder Tamarind Chili Martini probieren!) sowie die Desserts.

2, Alfred House Rd. | Tel. 011/2 58 21 62 | www.paradiseroad.lk | tgl. 10–24 Uhr | €€€

Einkaufen

⑧ *Schaufensterbummel* DUTCH HOSPITAL SHOPPING PRECINCT

Wo die Holländer einst ihre Offiziere und Seemänner medizinisch versorgten, ist heute Shopping und Schlemmen angesagt – in einem schönen Innenhof des alten restaurierten Krankenhauses mit Boutiquen, Schmuck- und Edelsteinläden, Kunsthand-

Speisen, Cocktails und die Kunst genießen: farbenfrohe Gemälde im Innenhof des angesagten Gallery Café im Stadtteil Kollupitiya.

werkergeschäften sowie Lokalen und Cafés (€–€€€).
Hospital Ecke Chatham St. (im Bezirk Fort zu Füßen der beiden World-Trade-Center-Türme) | tgl. 10–19 Uhr, Restaurants bis ca. 22 Uhr

⑨ *Souvenirs*
BAREFOOT
Die bekannte sri-lankische Designerin Barbara Sansoni schwelgt in Farben und Stoffen. Ihre Muster sind alles andere als folkloristisch. Schöne Geschenkartikel in Form von Schals, Kissenhüllen oder Webtaschen in einem Ambiente, in dem das Einkaufen Spaß macht: Buchhandlung, Café und Kunstgalerie sind angeschlossen.

Old Dutch Hospital Complex und 704, Galle Rd. | www.barefoot ceylon.com

⑩ *Zum Stöbern*
PARADISE ROAD
1001 Geschenkideen, Antiquitäten und tolle Wohnaccessoires für zu Hause.
213, Dharmapala Mawatha | www.paradiseroad.lk

⑪ *Tee aus Sri Lanka*
SRI LANKA TEA BOARD SHOP
Der Laden des Teeproduzentenverbands ist die Institution. Er führt mehr oder weniger alle Tees, die auf der Insel angebaut werden.
574, Galle Rd. | www.pureceylon tea.com

Abendgestaltung

⑫ *Hippe Skybar*
ELEVATE
In der landeshöchsten Bar (30. Stock) mit Restaurant (29. Stock) genießt man von der Dachveranda aus ein um- werfendes Panorama. Am Wochenende kann es voller werden, am besten etwas früher kommen.

278/4, Union Place (Südturm) | www.elevate.lk | Tel. 011/2 50 20 90 | tgl. 12–14.30, 19–23 Uhr, Bar Di–Sa 17–24 Uhr | €€–€€€€

BERUWALA UND BENTOTA A10

90 000 Einwohner

Arabische Händler brachten die Lehre Allahs nach Beruwala und gründeten Barberyn, die älteste muslimische Siedlung der Insel. Die mehr als 700 Jahre alte Moschee ist Jahr für Jahr gegen Ende des Fastenmonats Ramadan das Ziel vieler Pilger. Noch heute sind die Bewohner Beruwalas mehrheitlich Muslime.

Längst ist Beruwala mit dem Nachbarort Bentota zusammengewachsen, und die schönen Strände sind kein Geheimtipp mehr. Dennoch ist insbesondere Bentota kein rummeliger Urlaubsort, denn die meisten Hotels liegen abseits der Hauptverkehrsstraße, einige abgeschieden auf einem Streifen zwischen dem Meer und dem von Mangroven gesäumten Bentota River.

Ein **Naturerlebnis** sind Ausflüge mit Auslegerbooten in die Flusslandschaft mit ihren Mangrovensümpfen, in denen sich Wasservögel, Fische, Krokodile und Warane tummeln. Auch Kokosplantagen und Gewürzgärten im Hinterland werden auf den von allen Hotels organisierten Ausflügen oft angesteuert.

Sehenswertes

● IM VORBEIGEHEN ENTDECKT

KANDE VIHARAYA

Im Ortsteil Aluthgama lohnt sich ein Besuch des mit 56 m größten sitzenden Buddhas des Landes, der schon von Weitem zu sehen ist. Die weitläufige Tempelanlage ist erst 2007 ent-

Auch wenn Beruwala in erster Linie für seine ausgedehnten, gut besuchten Sandstrände bekannt ist, findet man noch einsame Küstenabschnitte.

standen und zeigt nicht nur buddhistische Wandgemälde, sondern auch naive Malerei über den Tsunami. Die angeketteten Tempelelefanten gehören leider noch immer zum »Inventar«.
In Beruwala-Aluthgama | tgl. 6–ca. 18 Uhr

3 MERIAN EMPFEHLUNG

BRIEF GARDEN

Eine kleine Prise Tropenzauber für alle Gartenfans und Kunstfreunde. Der Bildhauer Bevis Bawa schuf diese Oase, ein kunstvoll gestalteter, aber dennoch verwunschener Garten Eden mit Teichen und Springbrunnen, Skulpturen, lauschigen Bänken und Pergolas sowie exotischen Orchideen. Ein weiteres Bawa-Anwesen kann am Dedduwa Lake bei Bentota besucht werden: Lunuganga Estate mit täglichen Gartenführungen, zwei Gästezimmern (€€€€) und einem Restaurant (€€€€).
Brief Garden Rd., Kalawila | ca. 7 km östl. von Beruwala | www.geoffrey
bawa.com | tgl. 8–17 Uhr | Eintritt 1500 Rs.

KALUTARA A9

Dieses Heiligtum sollte man nicht verpassen: An der Mündung des Kalu River erhebt sich der Gangatilaka Vihara mit seiner imposanten Dagoba, die die meisten Autofahrer ansteuern, um eine Münze in einen Straßenschrein zu werfen. Das kleine Opfer soll für eine unfallfreie Weiterfahrt sorgen. Es lohnt sich aber auch, die Dagoba aus der Nähe zu betrachten, denn sie ist begehbar. Im Inneren erzählen Bilder Episoden aus dem Leben Gautama Buddhas und der Geschichte seiner Lehre.

15 km nördl. von Beruwala

Übernachten

Kuren auf hohem Niveau
LANKA PRINCESS
Die perfekte Wahl ist das Vier-Sterne-Strandhotel unter deutscher Leitung für Paare, die gemeinsam ihren Urlaub pauschal und all inclusive verbringen, aber nicht beide eine Ayurveda-Kur buchen möchten. Ein professionelles Kurzentrum, das sich mit Yogakursen, Beauty-Wellness und Vorträgen ganz auf deutschsprachige Gäste eingestellt hat.

Beruwala | Tel. 034/2 27 67 12 | www.lankaprincess.de | €€€€

Garten-Oase mit Lotosteich und Pool
AYUBOWAN
Hier kann man gleich im schicken Loft-Zimmer oder auf der eigenen Veranda frühstücken, mehr Zuhause-Feeling geht nicht. Gleich anschließend geht es in den perfekt gepflegten Garten, und zum Strand sind es gerade mal 100 m. Unter Schweizer Management.

Bentota, 171, Galle Rd. | Tel. 034/ 2 27 59 13 | www.ayubowan.ch | 4 Bungalows, 2 Lofts, 2 Suiten | €€–€€€

Ein charmanter Wohlfühlplatz
CLUB VILLA
Aufdringlichen Luxus sucht man in der kleinen Kolonialvilla, die Geoffrey Bawa zum Hotel ausbaute, vergeblich – hier herrscht feines Understatement. Eine Heimat fern der Heimat möchte man sein. Ein stiller, verschwiegener Platz für die ganz besonderen Verwöhnmomente im Leben ist die Club Villa ganz gewiss.

Bentota, 138/15, Galle Rd. | Tel. 034/2 27 53 12 | www.clubvilla bentota.com | 17 Zimmer | €€€

Eine Klasse für sich
THE VILLA BENTOTA
In den 1970er-Jahren lebte Geoffrey Bawa, Sri Lankas

berühmtester Architekt, in dieser wunderschönen Villa. Er verwandelte das Anwesen in Sri Lankas erstes Boutique-Hotel mit sehr edlem und trendigem Design. Den vollendeten Service genossen auch schon Ex-Beatle Paul McCartney und seine Tochter Stella.

Bentota, Mohotti Walauwa 138/18, Galle Rd. | Tel. 034/2 27 53 11 | www.paradiseroadhotels.com | 15 Zimmer | €€€€

HIKKADUWA B11

7000 Einwohner

In den 1970er-Jahren machte das einstige Fischerdorf Karriere als Badeort und Hippie-Paradies. Längst hat man sich dem Massentourismus verschrieben, aber immer noch ist Hikkaduwa, zumindest im südlichen Teil, ein bisschen flippiger als die Nachbarorte.

Entlang der Straße drängen sich billige Souvenirshops mit Batik-Sarongs, Roti-Shops mit Fast Food à la Sri Lanka und Cafés. Die **Strände** sind immer noch wunderschön. Im nördlichen Bereich sind sie von Pauschalhotels gesäumt, weiter südlich liegen die günstigen Guesthouses für Individualreisende und lauschige Strandbars.

Hauptsehenswürdigkeit des Ortes war stets das **Korallenriff,** doch durch die Glasbodenboote wurde es stark beschädigt. Zum Schutz der Korallen richtete man, leider viel zu spät, ein Schutzgebiet ein. Das Schnorcheln lohnt wegen der bunten Rifffische immer noch. Im südlichen Strandabschnitt bietet sich ein ganz anderes Bild. Hier sind die Surfer unterwegs und tanzen auf den Wellen.

Sehenswertes

TSUNAMI-PHOTO-MUSEUM

Am 26. Dezember 2004 verwüstete eine Riesenwelle Sri Lankas Ost- und Südküste und brachte mehr als 30 000 Menschen den Tod. Auch die Familie der Besitzerin dieses kleinen privaten Museums war von dem Tsunami betroffen. Viele Fotos,

Zeitungsartikel und Kinderzeichnungen dokumentieren die furchtbaren Schrecken der Katastrophe.

Telwatta, Galle Rd. (4 km nördl. von Hikkaduwa) | Facebook: Tsunami Photo Museum, www.tsunami-photo-museum-srilanka.blogspot.com | tgl. 9–17 Uhr | Eintritt auf Spendenbasis

MASKENMUSEUM ARIYAPALA & SONS

Der kleine Ort Ambalangoda ist ein Zentrum der Maskenschnitzerei. Im Museum der Familie Ariyapala erfährt man Interessantes über die Geschichte des Maskentanzes. Nebenan in der Werkstatt kann man den Handwerkern bei der Arbeit zuschauen, und der angegliederte Laden hält einige schöne Exemplare bereit.

Ambalangoda, 426, Main St. (14 km nördl. von Hikkaduwa) | tgl. 8.30– 17.30 Uhr | Eintritt frei

Übernachten

Strandnah und familiär
LAWRENCE HILL PARADISE AYURVEDA CENTRUM

Das kleine Ayurveda-Kur-Resort liegt 5 Min. vom Strand entfernt in Hikkaduwa und punktet durch sehr individuelle Betreuung über professionelle Kurbehandlungen bis hin zum Büfett. Die 14 Zimmer verteilen sich in einem hübschen Garten mit Salzwasserpool. Viele Stammgäste lassen sich hier ganzheitlich verwöhnen.

47 Walaugoda Middle Rd. | Tel. 091/4 38 32 99 | www.ayurveda kurlaub.de | €€€€

Schick und farbenfroh
HIKKA TRANZ BY CINNAMON

Das Traditionshotel präsentiert sich nach einem Facelift in neuem Glanz – bunt und sympathisch. Riesige Balkone mit Meerblick ergänzen die großzügigen Zimmer, bucht man im 4. Stock, gibt es das Sunset-Panorama über Palmen dazu. Zum vielfältigen Angebot gehören ein großer Garten mit einem Pool und vielen Liegestühlen, ein Spa auf der Dachterrasse, ein Tauchshop und andere Annehmlichkeiten.

Galle Rd. | Tel. 091/2 27 80 00 | www.cinnamonhotels.com | 150 Zimmer | €€

In der Werkstatt des Maskenmuseums Ariyapala & Sons werden Masken von Dämonen, Göttern und Helden geschnitzt und anschließend bemalt.

Erholung pur an der Lagune
KALLA BONGO LAKE

Ein holländisches Paar managt dieses bildhübsche kleine Hotel mit herrlichem Blick auf den See. Ein wunderbarer Platz, um für ein paar Tage einfach nur zu relaxen. Die Zimmer sind sehr geschmackvoll möbliert, und dazu gibt es einen Pool.
Lane 3, Field View, Baddegama Rd., Nalagasdeniya | Tel. 091/4 94 63 24 | www.kallabongo.com | 15 Zimmer | €€€

Essen und Trinken

Seafood am Meer
REFRESH

Hier sind Profis am Werk. Seit 1986 serviert man in herrlicher Lage direkt am Meer Rice and Curries, Krabben à la Hikkaduwa und andere Meeresfrüchtespezialitäten. Sogar ein ordentlicher Espresso ist hier erhältlich
384, Galle Rd. | Tel. 091/2 27 57 83 | www.refreshhikkaduwa.com | tgl. 7–24 Uhr | €€

Abendgestaltung

Partytime: drinnen und draußen
VIBRATION CLUB

Der Club ist berühmt für seine Friday Night Partys, zu denen sich Gott und die Welt hier treffen. Manchmal spielt auch die hauseigene Band auf.
495, Galle Rd. | www.vibration hotel.com

NEGOMBO A 8

146 000 Einwohner

Zahlreiche weiße Kirchtürme recken sich in den Himmel von Negombo. Hier waren die portugiesischen Missionare erfolgreicher als anderswo auf der Insel. Rund 95 % der Bewohner Negombos sind Katholiken, weswegen sich die Stadt stolz als »Rom Sri Lankas« bezeichnet. Interessant ist ein Bummel durch das **koloniale Negombo,** nördlich des alten holländischen Forts.

Negombo ist seit jeher ein lebhaftes Zentrum der Fischerei, wovon drei **Fischmärkte** zeugen. In den 1970er-Jahren war der Ort auch ein Pionier im Tourismus, doch der Strand ist zwar breit und feinsandig, aber er ist halt keine palmengesäumte Traumbucht und leider auch nicht immer bestens gepflegt. Ganz sicher ist Negombo aber ein idealer Platz, um nach der Ankunft in Sri Lanka ein bis zwei Tage in Flughafennähe zu entspannen.

Die schönste Zeit am Strand von Negombo ist der späte Nachmittag, wenn die Sonnenanbeter ihre Strandliegen verlassen haben und die einheimischen Familien herbeiströmen, um zu flanieren, zu baden, Fußball zu spielen oder zu picknicken. Schließlich mischen sich dann Sri Lanker und Urlaubsgäste, um das alltägliche Spektakel des Sonnenuntergangs gemeinsam zu zelebrieren.

Sehenswertes

STRAND & FISCHMARKT

Ein beliebtes Fotomotiv am Strand sind die traditionellen **Ausleger-Fischerboote,** die *oruvas*, mit denen man eine Spritztour buchen kann. Der Fang der Negombo-Flotte wird umgehend auf einen der drei Fischmärkte gekarrt und dort verkauft. Der größte und interessanteste Markt liegt an der Lagunenbrücke. Hier werden riesige Thunfische, Haie, Rochen und Tintenfische verladen, zerteilt, gewogen und verkauft. Die Kühlwagen der Großhändler aus Colombo sind längst vorgefahren.

Markt tgl. (außer an Poya-Tagen) 4–13 Uhr, beste Zeit 7–8 Uhr

Ein Oruva am Strand von Negombo. Die traditionellen Segelboote sind hochsee-
tauglich und werden an der Westküste zum Fisch- und Krebsfang benutzt.

Übernachten

Eintreten und abschalten
ICEBEAR BEACH GUESTHOUSE

Ein kleines Tropenparadies direkt am Strand. Eine Handvoll individuell eingerichtete Boutique-Zimmer im schattigen Garten – ein perfekter Platz, um sich nach einem langen Flug wieder zu erden. Das Restaurant mit Meerblick bietet ein legendäres Schweizer Frühstück. Außerdem viele Extras: WiFi, Mietfahrräder und der Nachmittagstee sind inklusive.

103/2, Lewis Place | Tel. 031/2 23 38 62 | www.icebearhotel.com | 8 Zimmer | €€

Sport und Spa
JETWING LAGOON

Unter dem Namen Blue Lagoon war dieses Haus das erste Hotelprojekt des legendären Architekten Geoffrey Bawa und eines der ersten Resorthotels in Sri Lanka überhaupt. Im Jahr 2012 wurde das Hotel von einem Schüler des großen Meisters umgestaltet und präsentiert sich inzwischen als schickes Spa-Hotel zwischen Strand und Lagune. Den riesigen Swimmingpool ergänzen diverse Wassersportangebote an der Lagune.

Pamunugama Rd. | Tel. 031/2 23 37 77 | www.jetwinghotels.com | 55 Zimmer | €€€

Essen und Trinken

Zwischen Kunstobjekten
LORD'S
Das große Gartenanwesen mit mehreren Restaurants verwöhnt mit internationaler Kost, u. a. sri-lankischer, indonesischer und Thai-Küche, stilvoll serviert. Die Wartezeit kann man sich in der Art Gallery vertreiben mit Bildern und Skulpturen einheimischer Künstler.
Negombo-Ethukala, 80 B, Poruthota Rd. | Tel. 077/2 85 31 0 |

www.lordsrestaurant.net | tgl. 11.30–15.30, 18–23 Uhr | €€

Beliebtes Strandlokal und Party location
SERENDIB PUB & RESTAURANT
Die guten Seafood-Gerichte des Restaurants genießt man hier direkt am Strand unter Palmen. Auch die angeschlossene Bar ist immer gut besucht und lädt zum Chillen ein.
Negombo-Ethukala, 35 A, Poruthota Rd. | Tel. 031/4 92 71 52 | €€

KALPITIYA (DUTCH BAY) A 5

8000 Einwohner
Die schmale Halbinsel zwischen Meer und Lagune, die sich rund 40 km bis zum Örtchen Kalpitiya zieht, hat sich in den jüngsten Jahren zum Kitesurfer-Hotspot gemausert. Sie punktet mit fast menschenleeren Puderzuckerstränden.

Die Mangrovenwälder und Inselchen der Lagune kann man mit Fischerbooten erkunden, die vorgelagerten Korallenriffe mit der Taucherbrille. Ein Unterwasserparadies ist das (allerdings zwei Bootsstunden von der Küste entfernte) Bar Reef, wo 156 Korallenarten und 283 Fischarten leben.

Sehenswertes

WILPATTU-NATIONALPARK A 4–5

Der mit $1\,316\,671$ km^2 größte Nationalpark des Landes erstreckt sich nordöstlich von Kalpitiya. Im Dickicht tummeln sich u. a. Elefanten, Lippenbären, Hirsche, Schakale und eine große Leoparden-Population sowie viele Pfauen. Der Besu-

Vor Kalpitiya kann man viele Ostpazifische Delfine beobachten. Die Tiere werden auch Spinnerdelfine genannt, weil sie sich im Sprung um die eigene Achse drehen.

cherrummel hält sich noch in Grenzen, aber entsprechend scheu sind die Tiere. Etwas Zeit und Geduld sollte man also mitbringen. Leider kommt es auch hier schon immer öfter zu Jeep-Karawanen.

Hunuwilgama | Eintritt 15 US$, Kinder (6–12 J.) 8 US$ (zzgl. Gebühren), halbtägige Safaris ca. 5000 Rs. | tgl. 6–18 Uhr

Übernachten

Luxus-Camping für Romantiker
DOLPHIN BEACH (MAKARA RESORTS)

Die Edel-Cabanas verteilen sich unter Palmen am Sandstrand. Abends trifft man sich zum Chillen in der Ice Bar. In den Sommermonaten, wenn der Wind kräftig bläst, ist Kite-Surfing-Saison.

Kalpitiya, Elanthadiya | Tel. 032/ 7 38 80 50 | www.dolphinbeach.lk | 22 Zimmer | €€€

Übernachten/Essen und Trinken

Ideale Basis für den Lunchstop
LEOPARD DEN

In dem kleinen Hotel kann man nach einer Safari durch den Wilpattu-Nationalpark bei einer wohlverdienten Mittagspause das Curry-Büfett und eine gute Tasse Kaffee genießen.

Pahalamaragahawewa, Wilpattu Junction | Tel. 025/32 5 91 28 | 12 Zimmer | €

Das Geschäft mit den Dickhäutern

Elefanten begegnen dem Reisenden in Sri Lanka auf Schritt und Tritt: im Tempel als elefantenköpfiger Hindu-Gott **Ganesh** und als buddhistischer **Träger der Welt** in der Tempelarchitektur der Königsstädte. Bei den Vollmondprozessionen werden die Tiere mit edlen Stoffgewändern und blinkenden Lichterketten kostümiert, sie dienen als Reittiere und sind bei Fütterungen und Badeshow im berühmten »Elefantenwaisenhaus« in Pinnawela zu sehen. Frei lebende Exemplare tauchen immer wieder direkt an der Straße auf, etwa in der Gegend der »Elefantenkorridore« rund um Habarana im Zentrum und an der Ostküste bei Arugam Bay oder nahe Trincomalee.

Ob in Sri Lanka, Thailand, Vietnam oder Kambodscha – der Kontakt zu den domestizierten Dickhäutern in Asien ist zumeist durchkommerzialisiert und ein äußerst lukratives Geschäft. Die Grenze zwischen Asyl und Ruhesitz für alternde Jumbos und reinem **Kommerz** zur Touristenbespaßung ist fließend. Immer mehr Reiseveranstalter streichen weltweit die Shows und Prozessionen aus ihren Programmen, immer mehr Urlauber verzichten auf den gewaltsam erzwungenen Kontakt mit den grauen Riesen beim Füttern, Baden und Reiten.

Weil frei lebende Herden weiterhin auf traditionellen Routen zu Wasser- und Futterstellen über die kleine Insel wandern und dabei vor allem in der Trockenzeit durch Dörfer und Zuckerrohrplantagen trampeln, kommt es besonders in der Nähe von Anuradhapura immer wieder zu **Todesfällen**: Pro Jahr sterben im Durchschnitt in Sri Lanka rund 200 Elefanten, aber auch 50 Menschen. **Wilderer** erlegen sie trotz drastischer Strafen weiterhin mit explosiven Köderfallen oder vergiften sie.

Der fehlende Lebensraum, die Beschäftigungslosigkeit und Hunger (ein Tier frisst 200 bis 250 kg Futter – am Tag!) sind die Wurzel aller Probleme mit domestizierten Elefanten. Die Asian Captive Elephant Working Group, ein Zusammenschluss aus Haltern, Forschern, Zoologen und Veterinären,

Hübsch anzusehen, aber sicher kein Vergnügen für das Tier: ein kostbar geschmückter Elefant während der Esala Perahera in Kandy (s. S. 47).

hält den freien Kontakt mit Touristen ohne den berüchtigten Eisenhaken sogar für gefährlich – für die Menschen!

Es gibt **keine artgerechte Haltung** von Elefanten in Menschenhand, keine zahmen Elefanten, kein Kontakt ohne Eisenhaken und Eisenketten. Es kommt auch in Sri Lanka immer wieder zu »amoklaufenden« Elefanten, ob bei Prozessionen oder beim Reiten. Eines sollte jedem klar sein: Wer mit Elefanten in Menschenhand Kontakt haben will, wer sie füttern und streicheln oder reiten will (auf Nacken oder Bank), der kann dies alles nur machen, weil der **Wille des Elefanten** in mehr oder weniger brutalen Prozeduren in jungen Jahren gebrochen wurde – um das wilde Tier an den Menschen zu gewöhnen. Wer das alles nicht will, kann die frei lebenden Exemplare in ihrem natürlichen Lebensraum in Sri Lanka beobachten. Aber auch bei Safaris greifen Elefanten immer wieder die Jeeps an, wenn ganze Karawanen in ihr Territorium eindringen. Einzig das **Elephant Transit Home** am Rande des Udawalawe Nationalparks wird von Pro Wildlife empfohlen, weil hier echte Waisen auf die Auswilderung vorbereitet werden.

GALLE UND DIE SÜDKÜSTE

Jaffna-Halbinsel und die Ostküste

Kulturdreieck/ Königsstädte

Colombo und die Westküste

Kandy und das Hochland

Galle und die Südküste

Hinter der Kolonialschönheit Galle reiht sich eine Traumbucht an die andere. Und in den Nationalparks des Südostens tummelt sich eine faszinierende Tierwelt. Wer die Altstadt von Galle inmitten der Festungsmauern betritt, wähnt sich sofort in einem Musketier-Film.

Lautes Gehupe, Stau und Händlergewusel – Galle ist eine typisch asiatische Großstadt. Wer aber erst einmal hinter dem Cricketplatz das **New Gate** durchschreitet, taucht augenblicklich in die Welt der Kolonialzeit ein. In der Altstadt, **Galle Fort** genannt, ist der Lebensrhythmus nach wie vor sehr entspannt. Hinter der alten Hafen- und Festungsstadt reiht sich eine Traumbucht an die nächste. Bevor man sich auf die Spuren der Kolonialherren begibt, ein paar Fakten für die Zeitreise: Angezogen vom Naturhafen, kamen 1505 die Portugiesen als erste Europäer nach Galle. Ihnen folgten 1640 die Niederländer, die das Gesicht der Stadt wesentlich prägten und mit dem Zimtanbau hinter der Küste begannen. Der Hafen von Galle wurde Schaltstelle des Handels mit Europa. Die Briten, die 1796 das Erbe der Niederländer antraten, verlagerten ihre Aktivitäten jedoch nach Colombo in den dortigen Hafen. Nach 1815 sank der Stern von Galle – zum Glück, könnte man meinen, zumindest in ästhetischer Hinsicht. Denn weil das Geld für Investitionen fehlte, blieb der Nachwelt ein koloniales Schmuckstück erhalten. Tatsächlich stört kein Neubau das **geschlossene Ensemble,** das zum UNESCO-Welterbe zählt.

Ein Open-Air-Museum ist das Fort jedoch nicht. Die rund 400 historischen Häuser wurden in den letzten Jahren mehr und mehr zu Spekulationsobjekten. Einheimische und auslän-

In der Altstadt von Galle gehen die Uhren noch anders. Die Hektik und den Lärm der Großstadt findet der Besucher hier nicht.

dische Investoren eröffneten nach aufwendigen Sanierungen stylishe Boutique-Hotels und Cafés, Galerien und Shops im Kolonialambiente. Einige sri-lankische Promis aus Film und Sport besitzen Zweitwohnungen hier. Und seit die Autobahn Colombo und Galle verbindet, verbringen auch Colombos Schöne und Reiche gern mal ein Wochenende in Galle und schlendern durch die Gassen, die mit ihren **Ziegeldachhäuschen** unverkennbar holländische Namen und Spuren tragen.

Östlich von Galle säumen jede Menge **Palmenstrände** die Küste, und dazwischen liegen imposante **buddhistische Stätten** mit Riesenbuddhas und lauter quirlige Orte, die noch nicht mit Souvenirshops gepflastert sind: Sri Lankas Südküste zwischen Galle und Tangalle ist (noch) ein **Postkartenidyll.**

Hinter Hambantota lösen Palmyrapalmen die Kokospalmen ab, Sanddünen die grüne Tropenidylle. In dieser Trockenzone liegen mit Yala und Bundala zwei der schönsten **Nationalparks** des Landes. Mit der paradiesischen Ruhe könnte es jedoch bald vorbei sein, denn wirtschaftlich bekam die Region in den letzten Jahren einen Schub. Bei Hambantota eröffneten ein großer neuer Hafen und der zweite internationale Flughafen des Landes.

MERIAN TOP 10

GALLE B11

Stadtplan → S. 87

140 000 Einwohner

Sehenswertes

❶ WALLANLAGEN

Der breite Wall mit zwölf Bastionen, der seit der zweiten Hälfte des 17. Jh. die Altstadt umringt, hielt 2004 dem Tsunami stand, während die Neustadt verwüstet wurde. Er ist aber auch ein herrlicher Platz zum Picknicken, Fußballspielen, Flirten – und natürlich zum Flanieren und für eine erste Begegnung mit der Stadt. Vom **New Gate** läuft man am **Clock Tower** vorbei zur **Moon Bastion** und weiter bis zum **Flag Rock,** der gen Süden ins Meer ragt. Ab 1848 stand hier der erste Leuchtturm Asiens, der die Einfahrt in den Hafen erleichtern sollte. Vorgelagerte Felsen und Untiefen brachten manches Schiff zum Kentern; ihre Wracks sind heute ein beliebtes Ziel von Tauchern. Neben der Hafeneinfahrt ragt im Südosten des Wallrings der neue, 1940 errichtete **Leuchtturm** auf. Auf der Hafenseite des Walls läuft man weiter zum **Old Gate,** das innen noch das Wappen der niederländischen Ostindien-Kompanie ziert.

❷ GROOTE KERK (GROSSE KIRCHE)

Über den Ruinen eines portugiesischen Klosters wurde 1752–1755 die erste protestantische Kirche der Insel errichtet – unübersehbar barock –, gestiftet von der Frau des niederländischen Gouverneurs aus Dankbarkeit für die Geburt eines Sohnes. Grabplatten im Kirchenschiff erinnern an Niederländer, die fern der Heimat an Malaria starben.

Church St.

❸ MARITIME ARCHAEOLOGY MUSEUM

Nicht nur für Seebären faszinierend ist das **Seefahrermuseum** (nicht zu verwechseln mit dem nur einstöckigen und uninteressanten National Museum Galle in der Church Street!). Das

Galle

2010 wiedereröffnete Museum präsentiert sich heute überraschend modern mit Videoinstallation und mannsgroßen Figuren. Die rund 200 Ausstellungsstücke in dem zweistöckigen Gebäude (schräg gegenüber der Groote Kerk) sind in vier Abteilungen gegliedert und erinnern v. a. an die Schifffahrt in kolonialen Zeiten: Anker, Kanonen, Auslegerboote und Schiffsmodelle, ein Walskelett und weitere archäologische Exponate.

Interessant ist die Darstellung des Tsunamis, der in 2004 auch dieses Museum, ein ehemaliges Lagerhaus für Kolonialwaren und Gewürze aus dem Jahr 1671, schwer beschädigt und große Teile der archäologischen Schätze zerstört hatte.

Queen's St./Church St. | Di–Sa 9–17 Uhr | Eintritt 900 Rs.

❹ HISTORICAL MANSION

In dem klassischen Wohnhaus mit schattigem Innenhof aus holländischer Zeit unterhält ein Sammler eine Mischung aus **Trödelladen und Museum** und bietet Antiquitäten und Ramsch, Schmuck (hier besser: Finger weg!) und Kunsthandwerk zum Kauf an.

31–39, Leyn Baan St. | tgl. 9–18 Uhr, zur Gebetszeit am Fr (12–14 Uhr) geschl. | Eintritt frei

❺ MEERA-MOSCHEE

Das schneeweiße Gebäude gegenüber des Leuchtturms wurde von Europäern 1909 als Kirche erbaut. Heute weisen Halbmonde und der Ruf des Muezzin darauf hin, dass es längst als Moschee genutzt wird. Kein Wunder, denn die Fort-Bewohner sind mehrheitlich muslimische Händler.

Leyn Baan St. /Lighthouse St.

Übernachten

① *Als wäre die Zeit stehengeblieben*
AMANGALLA RESORT

Nostalgiehotel mit Charme, aber ohne Fernseher: So was Profanes würde auch unnötig vom eleganten Fünf-Sterne-Luxus ablenken. Das traditionsreiche New Oriental Hotel, 1684 als Wohnhaus erbaut und seit 1865 Hotel, wurde im Jahr 2005 von der Aman-Hotelkette in ein Exklusiv-Resort verwandelt. Der Bau besticht durch Nostalgie bis ins kleinste Detail: mit Pfostenbetten eingerichtete Zimmer, eine Bibliothek mit alten Schätzen, ein edler Spa-Bereich und ein großer Pool im Palmengarten. Wer sich die Pracht nicht leisten kann oder mag, kann auch beim Afternoon Tea auf der Veranda in vergangene Zeiten zurückreisen.

Stilvoll speisen können die Gäste in dem noblen Amangalla Resort. Der Aufenthalt in diesem Hotel ist eine Reise in die koloniale Vergangenheit.

10, Church St., im Fort | Tel. 091/ 2 23 33 88 | www.amanresorts.com | 31 Zimmer und Suiten | €€€€

4 MERIAN EMPFEHLUNG

② *Art-déco-Perle*
DECO ON 44

Nach behutsamem Umbau ist das in den 1930er-Jahren erbaute Haus eines reichen Schmuckhändlers Sri Lankas einziges Boutique-Hotel im Art-déco-Stil. Die wenigen Zimmer sind schlicht, aber stilvoll möbliert. Nicht zu vergessen: die Sheesha- und Tapasbar auf der Dachterrasse und das Restaurant mit Fusion-Küche vom Feinsten.

44, Light House St. | Tel. 091/2 22 57 73 | www.decoon44.com | 7 Zimmer | €€

③ *Hier fällt der Abschied schwer*
GALLE FORT HOTEL

Ins Haus eines holländischen Geschäftsmannes aus dem 17. Jh. kam ein traumhaft schönes Boutique-Hotel, in dem sich die Gäste auf Anhieb zu Hause fühlen und oft viel länger bleiben als geplant. Die australischen Besitzer heimsten zu Recht zahlreiche hochkarätige Auszeichnungen ein. Viel Teak, Pfostenbetten und edle Antiquitäten schmücken die großzügigen

Zimmer und zweistöckigen Suiten, der Pool wartet inmitten eines herrlichen Tropengartens und das Restaurant mit leichter, modern interpretierter Asia-Küche.

28, Church St. | Tel. 091/2 23 28 70 | www.galleforthotel.com | 12 Zimmer | €€€€

④ *Design-Klassiker*
LIGHTHOUSE HOTEL
Eines der letzten Meisterwerke des Stararchitekten Geoffrey Bawa. Ein Strandhotel mit Zimmern von schlichter Eleganz, die alle Meerblick haben. Mehrere Pools und großzügige Gemeinschaftseinrichtungen sorgen zusätzlich für Wohlfühlambiente, nicht nur für Architekturfans.

Dadella (3 km westl. von Galle) | Tel. 091/2 22 37 44 | www.jetwing hotels.com | 85 Zimmer | €€€€

Essen und Trinken

⑤ *Stylish und angesagt*
PEDLAR'S INN CAFÉ
Seit Jahren ist das Café-Restaurant in der alten britischen Hauptpost eine der schicksten Adressen im Fort District. Von morgens bis 22 Uhr wird zu Loungemusik kreative Ost-West-Küche serviert. Be-

kannt auch für guten italienischen (und entsprechend teuren) Kaffee und wundervolle Brownies.

92, Pedlar St., im Fort | Tel. 091/ 2 22 53 33 | www.pedlarsinn.com | tgl. 9–22 Uhr, geschl. nur Fr 12– 13.30 Uhr | €€

⑥ *Veranda mit Ausblick*
RAMPART
In einem alten Kolonialhaus in der Altstadt liegt das Restaurant mit einer wunderbaren Veranda, die auch an heißen Tagen viel Schatten bietet. Der Blick führt über den Stadtwall aufs Meer hinaus. Gekocht wird westlich und chinesisch. Besonders der »devilled squid« ist ein Gedicht – himmlisch gut und teuflisch scharf!

31, Rampart St. | Tel. 091/4 38 01 03 | €€

⑦ *Crossover-Küche vom Feinsten*
THE SUN HOUSE
Ein Sun House Sour auf der Veranda ist ein idealer Magenöffner, bevor es ans Schlemmen geht. Hier vermischen sich die Aromen Sri Lankas, Thailands und des Mittelmeers. Wie wäre es mit Hähnchen-Kokos-Salat mit

Minze und Kokos-Limetten-Dressing, gefolgt von Fisch im Bananenblatt und Bananen-Tarte Tatin mit Kokoseis? Für den Abend unbedingt reservieren.

18, Upper Dickson Rd. (nördl. des Zentrums) | Tel. 091/4 38 02 75 | www.thesunhouse.com | €€€€

⑧ *Spitzenklasse*
THE CINNAMON ROOM

Candlelight Dinner mit feinster Fusion-Küche unter dem Sternenhimmel. Es gibt reichlich Auswahl für Veganer und Vegetarier, aber immer samstags heißt es: Barbecue. Reservierung empfohlen.

Dadella (3 km westl. von Galle, im Lighthouse Hotel) | Tel. 091/2 22 37 44 | www.jetwinghotels.com | nur abends | €€–€€€

Einkaufen

⑨ *Souvenirs*
BAREFOOT

Eine Filiale von Barbara Sansonis Shop in Colombo. Wie in der Hauptstadt findet man hier farbenfrohe Souvenirs aus Baumwollstoffen, vom Sarong bis zur Tischdecke, aber auch Tees und Spa-Produkte. Angegliedert ist ein gut sortierter Buchladen mit Reiseliteratur, Belletristik, Architekturtiteln und mehr.

41, Pedlar St., im Fort | www.barefootceylon.com | tgl. 10–18 Uhr

⑩ *Wohnaccessoires*
KK-THE COLLECTION

Geschirr, Bett- und Tischwäsche und mehr: geschmackvolle Wohnaccessoires.

71, Pedlar St., im Fort

⑪ *Zum Sundowner*
DUTCH HOSPITAL SHOPPING PRECINCT

Im alten holländischen Krankenhaus kann man heute bummeln und in Boutiquen und bei einem Juwelier (vergleichsweise teuer) einkaufen. Anschließend locken einige Cafés, Bars und Restaurants, teils speist man hier toll über dem Meer, ganz besonders stimmungsvoll bei Sonnenuntergang.

Hospital St.

⑫ *Mode*
THE OLD RAILWAY

Eine junge Designerin stellt originelle Mode und Schmuck vor. Und es gibt ein nettes Café.

42, Havelock Pl. | www.theoldrailwayshop.com

UNAWATUNA B11

In den 1990er-Jahren galt die sichelförmige Palmenbucht von Unawatuna als Eldorado der Rucksacktouristen. Wegen des flach abfallenden Strandes folgten bald Familien mit kleinen Kindern. Nach und nach ersetzten immer mehr Hotels die kleinen Guesthouses, und auf den Spuren der Individualreisenden kamen auch die ersten Pauschalurlauber.

Der Tsunami spülte strandnahe Unterkünfte weg, doch schon bald standen die Hotels, Bars und Restaurants wieder dicht an dicht. Ein verträumtes Plätzchen ist Unawatuna beileibe nicht mehr, und der Strand wurde Opfer der Erosion (und schließlich künstlich aufgeschüttet). Doch nach wie vor kann man hier wunderbar **surfen, tauchen und schnorcheln** und abends mit den Füßen im Sand fangfrischen Fisch schlemmen.

Anders als an vielen anderen Stränden Sri Lankas lässt es sich hier **gefahrlos ganzjährig baden,** da sich hohe Wellen am vorgelagerten Riff brechen. Viele der schönsten Unterkünfte liegen mittlerweile abseits vom Strand, versteckt in schönen Tropengärten. Der Hingucker am westlichen Ende des Strandes ist eine weiße Dagoba, die auf einem Hügel thront.

Übernachten

Yoga in Strandnähe
SECRET GARDEN VILLA
Individuell und romantisch gestaltete Zimmer und Bungalows, teils mit Open-Air-Bädern, inmitten eines verwunschenen Gartens, durch den sich ein Bach schlängelt, mit lauter lauschigen Ecken und Diwanen. Yoga, Meditation und Massagen gehören zum Konzept der Besitzerin, die aus der Schweiz stammt.

Beach Access Rd. | Tel. 091/2 24 18 57 | www.secretgarden unawatuna.com | 6 Zimmer | €€–€€€

Ein bunter Blumengarten
FLOWER GARDEN
Gepflegte Cabanas in einem herrlichen Tropengarten mit zwei Pools. Hier spürt der Gast die Liebe zum Detail auf Schritt und Tritt. Im Restaurant kommt auf den Tisch, wonach man sich nach Wochen mit Rice & Curry sehnen könnte – z. B. saftige Steaks.

In Unawatuna sind nicht nur die Strände von Palmen gesäumt. Der Dschungel grenzt unmittelbar an die Kleinstadt.

Für manchen Gast wurde die Herberge zur zweiten Heimat. 14, Welladewala Rd. | Tel. 091/2 22 52 86 | www.hotelflowergarden unawatuna.com | 25 Zimmer | €€

Essen und Trinken

Mit den Füßen im Sand
KINGFISHER
Sehr entspannte Atmosphäre und tolles Seafood. Und das Meeresrauschen gibt es gratis dazu.
Welle Dewala Rd. | Tel. 091/2 25 03 12 | www.kingfisherunawatuna. com | €–€€

Seafood vom Feinsten
WIJAYA BEACH
Ganz genau so sollte ein Fischrestaurant sein: direkt am Strand, denn mit den Füßen im Sand schmecken Jumbo-Prawns, Thunfisch-Sashimi und fangfrischer Fisch einfach optimal. Berühmt ist das Wijaya Beach aber auch für seine Holzofenpizza und die wunderbaren Cocktails.
Dalawella | Tel. 077/7 90 34 31 | www.wijayabeach.com | €€

Aktivitäten

MERIAN EMPFEHLUNG **5**

Kochkurs
KARUNA'S COOKING CLASS
Das Geheimnis für ein stilechtes Rice & Curry lüftet Karuna bei ihrem Kochkurs. Die große Mitkochwelle hat Sri

Die Stelzenfischer von Sri Lanka sind weltberühmt. Wie hier an einem Strand bei Weligama verdienen sie auch Geld als häufig abgelichtetes Fotomotiv.

Lanka zwar noch nicht überrollt, aber ein paar kleine Restaurants, wie das Sonja's Health Food in Unawatuna, haben die Marktlücke entdeckt und zeigen Besuchern aus aller Welt nach dem gemeinsamen Einkauf auf dem Markt, wie man Gewürzpasten anrührt, den Wok (nicht zu lange) schwingt und mit »explosiven« Chilis hantiert. Beach Rd. | Tel. 077/9 61 53 10 | Halbtageskurs ca. 3000 Rs.

Einmal wohlfühlen bitte
THE SANCTUARY SPA
Die kleine Garten-Oase könnte auch das Nirwana sein. In den Pavillons mit Palmenblick lässt man sich Stress und Sorgen einfach wegmassieren (45 Min. klassische schwedische Massage: 2500 Rs.). Shirodara-Stirngüsse mit Öl und Dampfbäder sorgen für einen Abstecher in den siebten Ayurveda-Himmel.
136, Beach Rd. (nahe Dhammika Hotel) | Tel. 077/3 07 85 83 | tgl. 9–18 Uhr

Tauchen
UNAWATUNA DIVING CENTER
Geöffnet von Mitte Oktober bis 10. April, wenn die besten Bedingungen zum Tauchen

herrschen. Es gibt auch
Tauchkurse auf Deutsch, was
besonders für Kinder (ab 8
Jahren) interessant sein dürfte. Ein Highlight sind mehre-

re Schiffswracks, die erkundet werden können. Mit
Kinderbetreuung.

296, Matara Rd. | Tel. 076/7 60
85 97 | www.unawatunadiving.com

KOGGALA B11

Der Strand von Koggala fällt langsam sehr flach ins Meer ab, ist
daher familienfreundlich und bisher noch nicht verbaut. Attraktiv ist aber auch die Lagune im Hinterland, gesprenkelt mit
Inselchen, die auf ihre Erkundung per Boot warten. Neben
Mangrovenwäldern kann man Kräutergärten besuchen, Vögel
beobachten und sich auf einer Zimtplantage zeigen lassen, wie
aus der Rinde der Zimtbäume aromatische Zimtstangen ge-
rollt werden.

WELIGAMA B11

20 000 Einwohner

Zwischen Ahangama und Weligama beginnt das Revier der
Stelzenfischer, die bis heute zu den beliebtesten Fotomotiven
Sri Lankas zählen. Vorbei die Zeiten, als die cleveren Fischer
hier aus wackeliger Hochsitzposition auf windschiefen Holz-
pfählen hockend kleine Fische in der Flut gefangen haben. Viel
lukrativer ist es mittlerweile, Touristen zu »angeln«, die in
Scharen kommen. Kaum sind die Busse vorgefahren und die
Besucher zücken ihre Kameras, springen die Gehilfen der Fischer herbei, um das Fotohonorar einzutreiben. Wer sich das
berühmte Motiv dennoch nicht entgehen lassen will, kommt
bei schönstem Fotolicht am späten Nachmittag.

Doch Weligama hat einen zweiten Fotospot: Am Ende der
rund 4 km langen Sandbucht ragt das Inselchen **Taprobane**
aus dem Meer auf. In den 1920er-Jahren baute sich ein franzö-
sischer Adliger darauf eine Villa, die im Laufe der Zeit mehrfach den Besitzer wechselte. Auch der amerikanische Schriftsteller Paul Bowels (»Der Himmel über der Wüste«) lebte hier

ein paar Jahre. Inzwischen ist das fotogene Eiland im Besitz einer Hotelkette und kann, wenn man das entsprechende Kleingeld aufbringt, angemietet werden.

Sehenswertes

IM VORBEIGEHEN ENTDECKT

KUSTA RAJA

Eine 4 m hohe Monumentalstatue, die Steinmetze vor mindestens 1000 Jahren aus dem Fels schlugen, gibt Rätsel auf. Vermutlich handelt es sich um die Darstellung eines **Bodhisattvas** (Buddha-Anwärter). Glaubt man hingegen der Legende, handelt es sich um ein Porträt des Kusta Raja oder »Leprakönigs«. Er soll, so die Legende, die schreckliche Krankheit durch eine dreimonatige Kokosnuss-Diät überwunden haben.

Am westl. Ortsausgang

Übernachten

Top in Service und Ambiente
WELIGAMA BAY RESORT
Ausgezeichnetes kleines Resort. Die eleganten Zimmer im Ethno-Look verteilen sich im Haupthaus auf zwei Etagen (mit Fahrstuhl). Wer es noch etwas luxuriöser mag, bucht die Zwei-Zimmer-Villen im Garten. Spa und Pool.

Matara Rd. | Tel. 041/2 25 39 20 | www.weligamabayresort.com | 24 Zimmer und 6 Strandvillen | €€€€

MIRISSA C11

Die überschaubare, 1 km lange Sandsichel, über der sich die Kokospalmen biegen, gehört zu den **Lieblingsstränden** der Individualreisenden. Im westlichen Abschnitt lohnt das

Landkarte des französischen Kartographen Alain Manesson-Mallet von 1686. Sri Lanka war schon in der Antike unter dem Namen Taprobane bekannt.

Die alte Insel Taprobane. Fig. LXIV.

ANCIENNE
ISLE
TAPROBANE

PARTIE
DE
...NDE

OCEAN

La GRANDE COSTE
INDETI
Moditi
Galibi
GALIBI
Gallu Montana
ANURO
GRAMMI
Anurogrammum
NAGADIBU
Nagadiba
Naagrammum
Ganges R.
EITU
Procuri
DICIDULI
Tarachu
Morch
Soana R.
Soana
SOANI
M.
Malen
BOCANI
Comene
Sandocanda
SANDOCANDA
Duracus R.
Jovis
extrema
BUMATHANI
NAGIRI
Azanus R.
Odoca
RHODAGANI
Bucchus
Acana I.
Dara

INDIEN

Schnorcheln, am Ostende der Bucht tanzen die Surfer auf den Wellen. Aber allein ist man an dem einstigen Geheimtipp nun wirklich nicht mehr.

Westlich vom Strand erstreckt sich der erstaunlich große **Hafen** des kleinen Orts, wo man morgens den Fischern zuschauen kann, die ihren Fang an Land hieven. Hier starten auch die populären Delfin- und Walbeobachtungstouren mit regelrechten Motorboot-Karawanen, auf die wirkliche Tierschützer sicherlich gerne verzichten.

Am Wochenende werden in den Bars die Verstärker aufgedreht. Zu Reggaeklängen tanzt man bis in die Morgenstunden.

Übernachten

Ein ganzer Palmenhügel für Ruhesuchende
PALACE MIRISSA
Oberhalb des Strandes verstecken sich 13 farbenfrohe Chalets in einem schattigen Garten, in dem sich Vögel, Pfauen und Streifenhörnchen tummeln. Ruhe abseits vom Partyrummel, ein toller Meerblick und ein schöner Pool sind klare Pluspunkte. Nur mit Halbpension. Und man sollte gut zu Fuß sein.
Coparamulla | Tel. 041/2 25 13 03 | www.palacemirissa.com | 13 Cabanas | €€€

Familienfreundlich
PALM VILLA
Ein koloniales Ambiente, schlichte, aber angenehme Zimmer mit Veranden. Beliebtes kleines Restaurant unter Palmen am Meer. Es werden Walbeobachtungstouren organisiert.
30/15, Dehiwala Rd. | Tel. 041/2 25 00 22 | 8 Zimmer | €€

Wohnen auf der Zimtplantage
MIRISSA HILLS
Der Aufenthalt hier ist zweifellos etwas Besonderes. Elf Zimmer verteilen sich auf drei Gebäude, die auch als Ganzes angemietet werden können. Tolle Blicke über Land und Küste bieten sich vom Mount Cinnamon aus, und auf halber Strecke zum Gipfel gewährt das einzige Zimtmuseum der Welt Einblicke in das Leben auf der Plantage. Eine Art gehobenes sri-lankisches Homestay mit lauter Antiquitäten und zwei

Hinter den Palmen geht bei Mirissa die Sonne auf. Die Fischer hoffen noch auf einen guten Fang, um viel frische Ware im Hafen des Orts anbieten zu können.

Pools – da vermisst man den Strand kaum, der aber auch nur 15 Min. entfernt ist.
Henwalle Rd. | Tel. 041/2 25 09 80 | www.mirissahills.com | 11 Zimmer | €€€

Essen und Trinken

6 MERIAN EMPFEHLUNG

Authentisch
NO. 1 DEWMINI ROTI SHOP
Kein schickes Ambiente, keine ambitionierte Speisekarte, aber authentische Sri-Lanka-Küche. Unbedingt die unterschiedlichsten Roti-Varianten probieren – vom *kottu roti*, gehackte Brotfladen mit Zwiebeln und Gemüse, bis zum sündig-süßen Schoko-Bananen-Roti –, aber auch die leckeren Currys (nach Vorbestellung). Wer ein paar Kochgeheimnisse mit nach Hause nehmen möchte, bucht einen Kochkurs (halbtägig 2000 Rs.).
Auf Höhe des Ocean Guest House (ein Block hinter der Main Rd.) | Tel. 071/5 16 26 04 | www.dewmini rotishop.wordpress.com | €

Seit Jahren beliebt
REST HOUSE
1780 erbaut und nach dem Tsunami 2004 umfassend renoviert. Heute kann man sich im Kolonialambiente leckere Mittelmeerküche schmecken lassen.
Fort | Tel. 041/2 22 22 99 | €€

Kurkuma, auch Gelbwurz genannt, findet man oft in den Gewürzgärten Sri Lankas. Die Pflanze, die bis zu einem Meter hoch wird, hat große Ähnlichkeit mit Ingwer.

⚑ 7 MERIAN EMPFEHLUNG

CHILI, ZIMT & CO.

Im Gewürzgarten

Eine Reise nach Sri Lanka ohne Besuch im **Gewürzgarten** ist wie eine Ayurveda-Kur ohne den Stirnguss, den *shirodhara*. Erst ein Rundgang durch einen solchen Garten etwa lüftet endlich das Geheimnis des asiatischen Currys. Nicht die gelbe Gewürzmischung aus der Tüte ist Grundlage der sri-lankischen Küche, sondern etwas unscheinbar Grünes: *kari patti,* das Curryblatt.

Das Blatt dient nicht der Schärfe, sondern gibt das typische Aroma für die **Curry-Paste,** die aus bis zu 40 Zutaten besteht: u. a. schwarzer und grüner Pfeffer, Muskatnuss, Kardamom, Safran, Ingwer, Koriander, Thymian, Tamarinde, Kümmel, Kurkuma, Senfkörner, Zimt und Nelken. Die meisten heute alltäglichen Gewürze kann man im Gewürzgarten erschnüffeln und in ihrer exotischen Erscheinungsform kennenlernen oder wiedersehen: ob Zimtrinde oder Mandelbaum, Zitronellagras, Pfefferstrauch, Ingwerwurzel oder Vanilleranken, Nelkenblätter oder Sandelholz, Senfkörner oder Aloe-vera-Blüten. Und Kakao wird sich als das entpuppen, was er ursprünglich ist: eine Baumfrucht, die erst durchs Trocknen zum Pulver wird.

Ein Rückblick: Schon die abendländischen Seefahrer brachten ganze Schiffsbäuche voller exotischer Gewürze und wohlduftender Kräuter aus Sri Lanka mit, die heute weltweit in jedem Restaurant oder der eigenen Küche Verwendung finden. Am begehrtesten an europäischen Höfen war lange Zeit der **Zimt** aus Ceylon: *Cinnamomum zeylanicum* aus der Familie der Lorbeergewächse gehört zu den ältesten Gewürzen der Welt, die Araber sollen die Heimat des Zimts sogar geheimgehalten haben. Die Holländer hatten im 17. Jahrhundert ihr Zimtmonopol in Ceylon aufgebaut, heute wird Zimt auf Plantagen vor allem im Südwesten gewonnen. Aus Sri Lanka stammen 85 Prozent der weltweiten Zimtproduktion.

Manche Gewürzgärten entpuppen sich als kleine Ayurveda-Hexenküchen: Denn auch die Gesundheit profitiert von Ölen, Salben und Pulverchen, die seit rund 3000 Jahren in der (indischen) **Ayurveda-Medizin** benutzt werden. All diese Ingredienzen für Leib und Seele kann der Besucher hier zu Gesicht bekommen bzw. erschnuppern. Die Düfte von Sandelholz, Jasmin, Frangipani (Araliya), Lotos und Rosen sind hier als Parfüme, Badeöle oder Räucherstäbchen erhältlich (Vorsicht vor Wucherpreisen, also kein Kauf ohne Verhandeln).

Die Inhaber der Gewürzgärten verstehen sich auch als **Kräuterapotheker.** Die Liste der Geheilten und ihrer Danksagungen aus aller Welt ist lang. Bei der Zahnreinigung hilft ein Pulver aus Nelkenbättern, gegen Zahnschmerzen nimmt man Nelken, Akne verschwindet mit einer Mischung aus Sandelholz und Aloe, und ein Öl aus Curryblatt, Aubergine und King Coconut vertreibt Migräne und Haarausfall. Nicht zu vergessen die (überteuerten) Wundermittel gegen Krampfadern, Nervenzusammenbruch und Cellulite.

Wie in einem Bilderbuch erklären die Gemälde im Weherahena-Tempel Geschichten aus Buddhas Leben. Der Tempel ist ein rund 180 m langer Tunnel.

MATARA C11

70 000 Einwohner

Die Universitätsstadt an der Südküste Sri Lankas, an der Mündung des Nilwala River gelegen, war schon während der Kolonialzeit ein wichtiges Zentrum des Gewürzhandels. Heute ist Matara immer noch ein bedeutendes Handelszentrum.

Von der einstigen Bedeutung der Stadt zeugen noch zwei Forts. Sehenswert ist das kleine, sternenförmige **Star Fort** im Zentrum, das die Holländer Mitte des 18. Jh. errichteten. Über eine Brücke, die den Fluss überspannt, erreicht man das größere **Matara-Fort,** das sich auf einer Landzunge ausbreitet. Der Festungswall ist nur teilweise erhalten – dahinter versteckt sich die schöne **Altstadt** mit einigen bemerkenswerten Gebäuden aus kolonialer Zeit, darunter ein Uhrturm und zwei Kirchen.

Sehenswertes

WEHERAHENA-TEMPEL

Wer wollte Buddha nicht schon einmal gerne über die Schulter schauen: Der Tempel ist ein interessantes Beispiel für ein modernes buddhistisches Heiligtum, das 1909 begonnen, aber erst in den 1990er-Jahren vollendet wurde. Ein circa 40 m hoher Buddha sitzt in Meditationspose auf einem ausgehöhlten Felsen. Dieser ist geschmückt mit rund **20 000 Wandgemälden** im Comic-Stil, die Geschichten aus dem Leben Buddhas erzählen und die Lehre des Erleuchteten in einfachen Bildern illustrieren. Ein Platz, den Familien und Schulklassen zwecks Nachhilfeunterricht in Sachen Religion gern besuchen, daher lässt sich v. a. an den Wochenenden ein bisschen Alltags-Buddhismus erleben.

5 km östl. von Matara | tgl. 6–20 Uhr | geringer Eintritt auf Spendenbasis

DONDRA HEAD

Ein **Leuchtturm** – schlank, weiß und 54 m hoch zwischen Kokospalmen aufragend – markiert seit 1889 die Südspitze der Insel. Der Äquator ist nur 600 km entfernt, und wer von hier aus südwärts segelt, stößt erst in der Antarktis wieder auf Land. Manchmal kann man den Leuchtturm besteigen.

Wo einst ein bedeutendes hinduistisches Heiligtum lag, das die Portugiesen zerstörten, steht heute der himmelblaue und türmchenbekrönte **Maha Vishnu Devale.** Der ganz bezaubernde, Vishnu geweihte Tempel zieht auch viele Buddhisten an. Kein Wunder – schließlich gilt der Hindugott Vishnu als Schutzgott des Buddhismus, und für die Hindus ist Buddha eine Inkarnation Vishnus. Nebenan kann man dem beeindruckenden **Dewi-Nuwara-Buddha,** einer 12 m hohen Kopie des Aukana Buddhas bei Dambulla (→ S. 156), einen Besuch abstatten.

5 km südöstl. von Matara

Aktivitäten/Einkaufen

Mitmachen und lernen
JEZ LOOK BATIKS
Hier ist Verhandlungsgeschick oder auch Fingerfertigkeit gefragt: Im Haus der Familie von Mrs. Jezima Mohamed können Interessierte Unterricht in der Batikwerkstatt nehmen. Die Batikkünstlerin verkauft ihre Waren natürlich auch gerne.

12 Yehiya Mawatha | Tel. 041/2 22 21 42 | eintägige Kurse ab ca. 25 US$

DIKWELLA C11

5000 Einwohner

Der Ort Dikwella begeistert seine Besucher mit einem schönen **Strand** und hält Übernachtungsmöglichkeiten in allen Kategorien bereit.

Sehenswertes

WEWURUKANNALA-TEMPEL

Unglaublich kitschig und mit einer Prise Horrorshow. In der Hauptattraktion Dikwellas, dem **Wewurukannala-Tempel,** thront der mit 50 m Höhe größte Buddha des Landes. Der bunteste dürfte er im Übrigen auch sein. Er wurde 1970 errichtet, und man kann sogar in seinen Kopf steigen. Auf dem Weg dorthin passieren Gläubige und Neugierige knallbunte Malereien und Figuren, die zum Teil recht drastisch Höllenstrafen für die Sünder illustrieren. Ein wahres Gruselkabinett, nichts für kleine Kinder.

2 km nördl. der A2 | tgl. 6–18 Uhr | Eintritt 200 Rs.

HUMMANAYA BLOW HOLE

Ein einmaliges Naturschauspiel, zumindest bei rauer See und Wellengang. Etwa alle 10 Sek. spritzt hier die Gischt durch ein Felsloch bis zu 25 m hoch in die Luft.

5 km westl. von Dikwella | Eintritt 250 Rs.

Übernachten

Man gönnt sich ja sonst nichts

UNDERNEATH THE MANGO TREE (UTMT)

Neben Kokospalmen beschatten v. a. Mangobäume dieses sehr persönlich geführte Boutique-Hotel mit Ayurveda-Spa. Das von einem österreichischen Hotelier geschaffene Hideaway wird von Jetwing gemanagt. Alles auf höchstem Niveau – Service, Küche, Ayurveda und selbst die Lage: oberhalb der Küste. Fernsehgeräte gibt's nicht, dafür werden im hauseigenen Kino österreichische, sri-lankische und internationale Filme gezeigt.

Der Strand von Tangalle ist kilometerlang, und vor allem östlich des Ortes ist nicht viel los. Ein wunderbarer Ort für alle, die in Ruhe entspannen wollen.

Tangalle Rd., Batheegama West | Tel. 0043/5/77 78 30 00 und in Sri Lanka 041/2 03 03 00 | www.crazy hollmann.com/sri-lanka-utmt und www.jetwinghotels.com | 22 Zimmer | €€€€

TANGALLE D11

10 000 Einwohner

Ein Rest House am Hafen und einige andere Kolonialgebäude erinnern im kleinen Fischerort noch an die Zeit der Niederländer, doch bemerkenswerter als der Ort selbst sind die **schönen Strände:** Westlich des Ortes reihen sich kleine Buchten aneinander, nach Osten hin erstreckt sich der lange, feinsandige Medeketiya Beach.

Noch sonnt man sich in Tangalle sehr entspannt – das ändert sich jedoch nach und nach, seit die Autobahn und der (internationale) Flughafen bei Hambantota eröffnet wurden. Die Preise für Bauland sind längst gewaltig in die Höhe geschossen. Das Meer ist zum Baden nicht selten zu aufgewühlt, dann taucht man in die kleinen Naturpools zwischen den Felsen oder die Hotelpools ein. Ein paar Kilometer weiter östlich, bei Rekawa, legen fünf Arten von **Meeresschildkröten** am Strand ihre Eier ab. Die nächtlichen Turtle-Watch-Touren des

Sri Lanka Turtle Conservation Projects in Rekawa haben sich leider zu überkommerzialisierten Massenspektakeln entwickelt, bei denen sich bis zu 100 Teilnehmer lärmend und mit blitzlichternden Handys um ein einziges Muttertier drängen, die das Eierlegen schlimmstenfalls abbricht. Wahre Tierschützer verzichten auf solch überlaufenen »Eco-Tourism«.

Sehenswertes

MULKIRIGALA FELSENKLOSTER

533 Stufen führen hier ins Paradies: ein Sigiriya en miniature. Nur die Touristenmassen fehlen. Auf einem mehr als 100 m hohen Granitfelsen thront dieses buddhistische Kloster, das zu den kulturell interessantesten Orten im Süden des Landes gehört. Auf mehreren Terrassen verteilen sich die Höhlen, die man über steile Treppen erreicht. Die frühen eremitischen Bewohner nutzten teilweise natürliche Felsüberhänge, die sie weiter bearbeiteten und zu Höhlen erweiterten. Inschriften zufolge wurden sie spätestens im 2. Jh. v. Chr. von Mönchen besiedelt, Mulkirigala zählt damit zu den ältesten Klosteranlagen weltweit.

Die Höhlen sind, ähnlich wie der Höhlentempel von Dambulla, reich mit Malereien ausgeschmückt, aber hier hat man die Kunstwerke fast für sich allein. In einer Höhle befindet sich ein beeindruckender, 14 m langer liegender Buddha. Von der Spitze des Felsens, von einer Dagoba bekrönt, schweift der Blick bis zum Meer.

ca. 20 km nördl. von Tangalle | tgl. 6–18 Uhr | geringer Eintritt

Übernachten

Entspannung pur bei tollen Gastgebern
LUCKY STAR

Auf einer Anhöhe über dem Meer fanden Ursula und Werner Bonn ein traumhaftes Plätzchen für ihr Hotel. Die hübsch eingerichteten Zimmer bieten alles, was das Herz begehrt, zu sehr fairen Preisen. Im Garten kann man im Meerwasserpool baden oder einfach nur unter schattigen Bäumen entspannen.

Stairway to Heaven. Mehr als 500 Stufen müssen die Besucher hinaufsteigen, um zu dem alten Felsenkloster Mulkirigala zu gelangen. Doch jeder Schritt lohnt sich.

Abends sitzen die Gäste wie eine große Familie beim Essen zusammen. Gekocht wird sri-lankisch (entschärft) genauso wie deutsch – und immer schmeckt es köstlich.
31, Tuduwewatta | Tel. 077/6 24 28 85 | www.villaluckystar-tangalle.de | 8 Zimmer | €€–€€€

Wer braucht hier schon einen Fernseher!
PALM PARADISE CABANAS
Im Kokoshain sieht man Pfauen, Warane, Makaken und Streifenhörnchen. Die achteckigen, mit Naturmaterialien ausgestatteten Cabanas sind urgemütlich. Von November bis März kann man in der kleinen Bucht schwimmen, und wenn es zu sehr brandet, dann weicht man auf den Pool aus.
Goyambokka | Tel. 047/2 24 03 88 | www.beach.lk | 22 Cabanas | €€

Der Name ist hier Programm
LAGOON PARADISE BEACH RESORT
Eine tolle Lage: Zwischen der Lagune und dem wunderschönen Palmenstrand verteilen sich die Zimmer und Cabanas mit ihren großen Terrassen im Garten – einfach paradiesisch. Es gibt einen großen Swimmingpool, und wer will, kann auch mit dem Kajak in die Lagune paddeln und die Ruhe dort genießen.

Der Busbahnhof von Hambantota. Das Städtchen an der Südküste ist ein Ausgangspunkt für den Besuch mehrerer Nationalparks des Landes.

Marakolliya | Tel. 047/2 24 25 28 | www.lagoonparadisebeachresort.com | 28 Zimmer, 6 Cabanas | €–€€

Traumhaft entspannend BUCKINGHAM PLACE

Der Brite Nick Buckingham erfüllte sich mit diesem kleinen Hotel einen Traum, den seine Gäste nun weiterträumen dürfen. Riesige Zimmer mit Lagunenblick in einem herrlichen Garten, absolute Ruhe und ein ausgezeichnetes Restaurant tragen dazu bei, dass niemand wieder abreisen will. Und die guten Hotelgeister scheinen Wünsche von den Augen ablesen zu können.

Rekawa, Netolpitiya | Tel. 047/3 48 94 47 | www.buckingham-place.com | 15 Zimmer | €€€€

HAMBANTOTA D11

15 000 Einwohner

Östlich von Tangalle weicht das tropische Sri Lanka nach und nach zurück, und es beginnt die **Trockenzone** des Südens. Statt Kokospalmen ragen dort, wie im äußersten Norden des Landes, Palmyrapalmen hinter den Dünen auf. Am Strand von Hambantota liegen tagsüber die **bunten Katamarane** der Fischer, die nur nachts aufs Meer hinausfahren. Die meisten von ihnen sind Muslime malaiischer Herkunft; ihre Vorfahren kamen im Zuge des Gewürzhandels aus Niederländisch-Indien, dem heutigen Indonesien, nach Sri Lanka.

Seit 2012 ist Hambantota aber auch Anlaufpunkt für Frachtschiffe. Es kann stolz sein, den größten **Tiefseehafen** des Landes (und einen der größten Häfen Südasiens), der mit chinesischem Kapital finanziert wurde, sein Eigen zu nennen.

Schon das Reich von Ruhana (→ Tissamaharama, S. 111) profitierte von der günstigen Lage Hambantotas an einer wichtigen **Schifffahrtsroute** zwischen Europa und Fernost, der sogenannten Seidenstraße des Meeres. Gewürze, Perlen und Seide, später auch Porzellan wurden hier verschifft. An diese glorreichen Zeiten möchte man anknüpfen, denn schließlich passieren jedes Jahr rund 36 000 Schiffe die Gewässer südlich des Ortes, Tendenz steigend.

Doch damit nicht genug: Ein neues Cricketstadion wurde fertiggestellt, ein Konferenzzentrum ist im Bau, und schon Ende 2013 ging bei Hambantota der zweite internationale **Flughafen** des Landes nach dem Bandaranaike Airport bei Colombo in Betrieb. Die strukturschwache Region bekam auch ein Entwicklungshilfeprogramm gesponsert – ob es ein Zufall ist, dass Hambantota die Heimatregion des damals amtierenden Präsident Mahinda Rajapakse ist?

Darüber hinaus ist Hambantota ein Zentrum der Salzproduktion. **Salinen** prägen das Landschaftsbild entlang der Hauptstraße A2 östlich der Stadt. Und schließlich ist die Region berühmt für eine kulinarische Spezialität – den besten **Wasserbüffeljoghurt** der Insel. Probieren kann man ihn an vielen Ständen auf der Fahrt nach Tissamaharama.

Sehenswertes

BUNDALA-NATIONALPARK

Bundala ist ein Paradies für **Vogelliebhaber** – schließlich ist der Südzipfel Sri Lankas »Endstation Sehnsucht« für Zugvögel aus dem kalten Norden: aus dem Himalaja, Zentralasien und Sibirien. Ab Anfang Oktober schweben Flamingos und Reiher,

Ein Pfau beobachtet seine Umgebung. Der Bundala-Nationalpark ist ein wahres Paradies für alle ornithologisch interessierten Besucher Sri Lankas.

Pelikane und Kormorane, Ibise und Schnepfen ein, um Wärme zu tanken, und mischen sich mit den permanenten Bewohnern wie Eisvögeln und Nashornvögeln. Insgesamt tummeln sich hier im Winter rund 200 Vogelarten.

8 km nordöstl. von Hambantota

Übernachten

Ayurveda-Wellness mal ganz locker
OASIS BEACH HOTEL
Kein strenges Ayurveda-Kurhotel, sondern eher ein Wellnesshotel mit ayurvedischen Anwendungen, das im Zimmer auch Klimaanlage und Fernseher toleriert und neben ayurvedischer Kost auch Fleisch und Alkohol serviert. Schöne Lage am fast menschenleeren Strand, der wegen Unterwasserströmungen allerdings nicht zum Baden geeignet ist. In dem 50 000 m² großen Garten mit Swimmingpool kann man wunderbar entspannen.

Sisilasagama, Hambantota | Tel. 047/2 22 06 50 | www.oasis-ayurveda.de | 50 Zimmer | €€€

KIRINDA E10

Ein herrlicher Strand mit Sand und Felsen mit vorgelagertem **Korallenriff,** bekrönt von einer Dagoba, macht den ehemaligen Hafen des Ruhuna-Reichs zu einem attraktiven Standort – zumal er zwischen den Nationalparks Yala und Bundala liegt.

Ausflügler und auch Taucher kommen in Scharen, denn Kirinda gilt als eines der besten **Tauchreviere** des Landes.

Übernachten

Perfekte Luxus-Basis
CINNAMON WILD

Zwischen dem Bundala- und Yala-Nationalpark verteilen sich rustikal-schicke Dschungelchalets und einige Strandhütten auf dem weitläufigen Hotelgelände. Hier muss der Gast nicht einmal auf Safari gehen, es gibt ein Aussichtsdeck mit 360°-Blick über den Dschungel bis zum Indischen Ozean. Affen, Wasserbüffel, jede Menge Vögel und manchmal auch Elefanten kommen abends zu Besuch. Aber keine Angst – Ranger gewährleisten die Sicherheit der Hotelgäste. Auf geführten Touren in den Yala-Nationalpark bietet sich sogar die Gelegenheit, auf Leoparden zu treffen. Bars und ein Pool sorgen für die Erfrischung nach der Safari.

Kirinda, Tissamaharama | Tel. 047/ 2 23 94 50 | www.cinnamonhotels. com | 68 Chalets | €€€€

TISSAMAHARAMA E10

1000 Einwohner

Ist »Tissa« heute v. a. Ausgangspunkt zur Erkundung des **Yala-Nationalparks,** so war der Ort unter dem Namen Mahagama zu Zeiten der europäischen Antike und des Mittelalters Hauptstadt des singhalesischen Reiches von Ruhana. Zu Reichtum kam man durch den **Seehandel** auf der »Seidenstraße des Meeres«, die China mit den Häfen des Mittelmeers verband. Doch wie Anuradhapura und Polonnaruwa versank auch Ruhana im Dunkel der Geschichte. An die große Zeit erinnern noch einige stark restaurierte Dagobas und Ruinen von Klöstern und Palästen.

Übernachten

Safari-Basis am See
EKHO SAFARI
Das ehemalige Rest House liegt idyllisch am Tissa Wewa, mit in die Jahre gekommenen Balkonzimmern. Trotzdem ist es ein idealer Ausgangs-punkt für die Erkundung des Yala-Nationalparks, aber auch von Kataragama. Zur Ausstattung gehören ein Pool und Tennisplätze.

Am Tissa Wewa, 30 Min. vom Parkeingang entfernt | www.ekho hotels.com | Tel. 077/2 38 77 77 | 53 Zimmer | €€

UDAWALAWE-NATIONAL-PARK C/D9–10

Der rund 300 km² große Park ist für seine große Elefantenpo-pulation bekannt. Etwa 10 % der gut 5000 wilden Elefanten Sri Lankas sollen sich hier tummeln. So ist es sehr wahrscheinlich, dass man ganze Herden bei der Futtersuche beobachten kann. Außerdem trifft man auf Wasserbüffel, Wildschweine, Munt-jaks, Axishirsche und Mangusten (Mungos).

Zwischen Hochland und Küste | tgl. 6–18 Uhr | Eintritt 15 US$, Kinder 8 US$ (abhängig von der Teilnehmerzahl, zzgl. »service charge«), Halb-tagestouren (inkl. Abholung, Jeep, Fahrer/Guide) kosten ca. 5000 Rs. zzgl. o.g. Eintritt/Gebühren

Sehenswertes

MERIAN TOP 10

ELEPHANT TRANSIT HOME
Das Elephant Transit Home (ETH) ist die einzige Elefanten-einrichtung, die von der Tierschutzorganisation Pro Wildlife in Sri Lanka empfohlen wird: kein Kontakt, kein direktes Füt-tern oder Streicheln geschweige denn Mitbaden oder Reiten auf den Elefanten. Es handelt sich hier um rund 40–50 Waisen, deren Muttertiere oft getötet wurden. Jährlich stirbt eine drei-stellige Zahl an Elefanten durch die zunehmenden Konflikte

In erster Linie ist der Udawalawe-Nationalpark als Habitat für Elefanten bekannt. Aber er bietet auch vielen Vögeln Schutz, so wie etwa diesem Adler.

mit Menschen und durch Wilderei in Sri Lanka. Die Besucher können von einer überdachten Tribüne zugucken, wie Tierpfleger die Babys mit der Milchflasche füttern. Es soll so wenig Kontakt wie möglich zu den Menschen geben, da das Ziel die Auswilderung der Jungtiere im Nationalpark ist. Mehr als 100 Dickhäuter wurden von hier aus bereits seit 1995 freigelassen und mittels Signalsendern überwacht. Es gibt ein Informationszentrum mit Videovorführung. Diese Auswilderungsanlage des staatlichen Departments of Wildlife Conservation wird von mehreren deutschen Zoos unterstützt. Eine Waise kann von den Besuchern für 250 US$ pro Monat »adoptiert« werden, aber auch kleinere Spendensummen sind natürlich gern gesehen.

Ca. 5 km westl. vom Nationalparkeingang | www.eth.dwc.gov.lk | Fütterungen: 9, 12, 15 und 18 Uhr | Eintritt 500 Rs., Kinder 250 Rs.

KATARAGAMA E10

21 000 Einwohner

Der wichtigste hinduistische **Pilgerort** des Landes liegt abseits der Hauptrouten im äußersten Südosten des Landes. Benannt ist er nach dem Gott Kataragama, besser bekannt als Skanda,

Einer von unzähligen hinduistischen Gläubigen, die jedes Jahr im Juli/August nach Kataragama pilgern und dort zwei Wochen lang feiern.

dem in Sri Lanka hochverehrten Sohn Shivas. Der Legende nach verliebte er sich in ein Mädchen und versteckte sich mit ihr, weil noch verheiratet, dort, wo heute der **Maha Devale** (großer Tempel) steht.

Die Tempel von Kataragama sind allesamt schlicht und außerhalb von Feiertagen wenig besucht. Zum Leben erwacht der Ort aber während der **Esala Perahera** (rund um den Juli/August-Vollmond, → S. 47), des großen Festes, das gleichzeitig mit der Perahera in Kandy stattfindet. Dann treffen hier Scharen von Pilgern ein – darunter auch Asketen, die sich in Ekstase tanzen, um anschließend über glühende Kohlen zu laufen oder sich mit Spießen Zunge, Lippen oder andere Körperteile zu durchbohren. Ein kunterbuntes, lautes und sinnbetörendes Spektakel, das man nie mehr vergisst.

YALA-NATIONALPARK E/F9–10

Am Yala-Nationalpark stellt sich die Frage, ob Safaris im Zeitalter des Massentourismus mitsamt Youtubern, Bloggern und allgegenwärtiger Selfie-Manie noch zeitgemäß sind. Ob man das, was hier Tag für Tag in der Hauptreisezeit passiert, mit dem eigenen Tierschutzverständnis in Einklang bringen kann, das muss jeder für sich selbst entscheiden. Fest steht: Auch hier geraten Wildtiere zweifellos in Stresssituationen durch den enorm gestiegenen Besucherandrang in den jüngsten Jahren auf der vergleichsweise kleinen Insel.

Der mit rund 1500 km² zweitgrößte Nationalpark des Landes ist auch einer der ältesten (1938 eröffnet) und der am meisten besuchte. Der Massentourismus sorgt dafür, dass man in der Hochsaison zwischen Dezember und Mai auf den Schotterpisten im Stau steht: Hunderte von Safari-Jeeps (alle meist nur zur Hälfte besetzt), an den Poya-Feiertagen sollen hier sogar bis zu 600 Jeeps unterwegs sein, berichtete die BBC. Hektik bricht aus, wenn die Fahrer sich untereinander über Wildtiersichtungen über Handys informieren, es finden regelrechte Jeep-Wettrennen um die besten vordersten Plätze statt, um schließlich den einen Elefanten oder womöglich sogar Leoparden einzukreisen – inklusive Staubwolken, Motorenlärm und Dieselabgasen.

Auch wenn sich die Tiere gar nicht scheu verhalten und dem Fahrzeug nähern, sollte man nie vergessen: Es sind wilde Tiere und keine Streicheltiere. Es kommt immer wieder zu schweren Unfällen mit Todesfällen und bei der Raserei zu Zusammenstößen mit den Wildtieren.

Unabhängig von der Tierwelt begeistert die landschaftliche Vielfalt. Die staubtrockenen Savannenlandschaften erinnern an Afrika, doch Lagunen, Monsunwälder, Strände und Felsmonolithe sorgen für faszinierende Kontraste und bieten den Lebensraum für Elefanten, Wasserbüffel, Sambar- und Axishirsche, Krokodile, Lippenbären, 150 Vogelarten und natürlich die Stars des Parks – rund 50 Leoparden.

Die besten Zeiten für einen Besuch sind der frühe Morgen und der späte Nachmittag. Nicht kommen sollte man an Wochenenden, (Poya-)Feiertagen und in den Schulferien.

Tgl. 6–18.30 Uhr (1. Sept.–15. Okt. geschl.) | Eintritt 20 US$, Kinder 10 US$ zzgl. Kosten für Jeep und Ranger, Halbtagstouren für ca. 5000 Rs. (zzgl. o.g. Eintritt/Gebühren, Trinkgelder)

KANDY UND DAS HOCHLAND

Jaffna-Halbinsel
und die Ostküste

Kulturdreieck/
Königsstädte

Colombo und
die Westküste

Kandy und
das Hochland

Galle und die
Südküste

Die auf 500 m Meereshöhe in einer einzigartigen Umgebung gelegene alte Königsstadt Kandy ist der Ausgangspunkt für die Erkundung des Berglands. Wer dies mit einer spirituellen Erfahrung kombinieren möchte, der mischt sich am Adam's Peak unter die Pilger.

Die drittgrößte Stadt Sri Lankas ist unumstrittenes **Zentrum des Hochlands** und stolz auf ihre Geschichte als Königsstadt, die den Briten am längsten trotzte. Erst 1815 hatten die Kolonialherrn das Hochland erreicht, nachdem sich der Hochadel – empört über die Grausamkeit des letzten Kandy-Königs Sri Vikrama Rajasingha – mit den Europäern verbündet hatte. Durch die Kandyan Convention wurde die britische Herrschaft auf der gesamten Insel verbrieft. Auch als **intellektuelles Zentrum** genießt Kandy ein hohes Renommee: Die Universität im Vorort Peradeniya ist die größte des Landes. Und nicht zuletzt ist Kandy **religiöse Hauptstadt** Sri Lankas, denn hier wird die heiligste Reliquie des Landes, ein **Eckzahn Buddhas,** gehütet. Die alljährliche Prozession zu Ehren des heiligen Zahns am Esala-Vollmond im Juli oder August ist das wichtigste buddhistische Fest. Zwei Wochen lang ziehen Abend für Abend Prozessionen mit festlich geschmückten Elefanten, begleitet von Musikern und Tänzern, durch die Stadt, um dem Heiligen Zahn zu huldigen.

Von den umliegenden Hügeln oder vom Riesenbuddha aus hat man einen prächtigen Blick auf den **Sri Dalada Maligawa** (Zahntempel) am Milchsee und das gebirgige Umland. Von Kandy aus windet sich die Straße durch teegrüne Hänge, an denen der berühmte Ceylontee reift, nach **Nuwara Eliya**. Die

Der Zahntempel in Kandy ist die wichtigste Pilgerstätte Sri Lankas. Das Heiligtum am Milchsee wurde in drei Abschnitten im 17. und 18. Jh. erbaut.

Briten schätzten die angenehmen Temperaturen in rund 2000 m Höhe und genossen hier die Sommerfrische. Neben reichlich Kolonialflair und vielen Teeplantagen bietet Nuwara Eliya auch eine Pferderennbahn und einen Golfplatz und ist heute beliebter Urlaubsort der wohlhabenden Einheimischen.

Aktivurlauber schätzen das Hochland ob zu Lande oder zu Wasser, mit dem **Mountainbike** oder im **Schlauchboot.** Und natürlich zu Fuß beim **Wandern** im Nationalpark Horton Plains und der Knuckles Range. Der **Sinharaja Rainforest**, das letzte zusammenhängende Regenwaldgebiet der Insel, ist ein weiterer Hotspot für Naturliebhaber. Der heilige Berg **Adam's Peak** und das **Kitulgala Rainforest Reserve** locken ebenso Wanderer und Rafter an. Aber auch die kleinen zauberhaften Orte wie **Ella** und **Haputale** sollte man keinesfalls links liegen lassen. Wenigstens einmal gehört eine **Bahnfahrt** in den Bergen entlang von Schluchten, steilsten Gemüsefeldern und Teeterrassen unbedingt dazu. Aber auch die Serpentinen der Landstraßen sind schwindelerregend schön. Fotomotive hinter jeder Kurve!

KANDY C7

150 000 Einwohner
Stadtplan → S. 119

Sehenswertes

❶ BAHIRAWAKANADA-BUDDHA-STATUE

Beim Uhrturm beginnt der etwa 30-minütige Aufstieg zu der kolossalen, beinahe 30 m hohen Buddha-Figur, die sich seit dem Jahr 1993 schützend über der Stadt erhebt. Die herrlichen Ausblicke über Kandy und das Umland entschädigen für die Mühsal des Weges.

Bahirawa Kanada Rd. | Eintritt 250 Rs.

❷ THE MUSEUM OF WORLD BUDDHISM (IBM)

Nicht nur für buddhistisch Interessierte ein Muss. Ein Besuch hier ist wie eine Reise durch Buddhas verschiedene Welten. In dem ersten internationalen Museum zum Buddhismus in Asien begegnet der Besucher den zwei großen **buddhistischen Hauptströmungen:** Theravada (z. B. Sri Lanka, Thailand) und Mahayana (z. B. Vietnam, China), die hier erstmals unter einem Dach vereint sind. Die farbenfrohen Exponate wie etwa Buddha-Statuen, Wandteppiche, Reliefs, Fotos, Gemälde, Landkarten und Glocken stammen aus 16 asiatischen Ländern und verdeutlichen die Unterschiede. Zur Tempel- und Klosterarchitektur sieht man die jeweils herausragendsten **Tempelmodelle,** beispielsweise von Angkor in Kambodscha oder Borobodur in Indonesien, die verschiedenen Darstellungen des Buddhas (etwa der elegante Sukhothai-Buddha aus Thailand oder der gut genährte Mile Fo/Maitreya aus China). Auch die Verbindungen zu Hinduismus, Konfuzianismus, Taoismus und zu den Gottkönigen (in Kambodscha) werden anschaulich erläutert. Fotografieren ist im Museum of World Buddhism nicht erlaubt.

Neben dem Zahntempel | ibm.sridaladamaligawa.lk | tgl. 9–17 Uhr | Eintritt ist im Zahntempelticket enthalten, sonst 500 Rs.

Kandy

Map labels:

N
0 — 360 m
© MERIAN-Kartographie

8 Gewürzgärten
9 Alu Vihara

Mātale, Anuradhapura
Madawala Asgiriya bypass
Mahiyawa Road
Goldens Road

Asgiriya Stadium

Pansala Bomaluwa
Trinity
College

Town Hall

Udawattekele Sanctuary

Tank

Wariyapola Sri Sumangala Mawatha

Asgiri Vihara Mawatha
D. S. Senanayake
Kande
Yatinuvara
Harasp Kuruppudala
Wewelpitiya
Vidiya

Bahirawakanda
Cathedral

King's Pavilion

Bahirawakanada-Buddha-Statue 1

Scots Kirk

Maha Vishnu Devala
Raja Vidiya

Archaeological Museum

Sri Pushpadana
Thilak Hatnavale
Mawatha

Srimath Bennet Soysa
Wesleyan Church
Clock Tower
Kataragama Devala 1
St. Paul's Church
Pathini Devala
Temple Street
Natha Devala

The Museum of World Buddhism (IBM) 2

National-museum

Sirima Bandaranaike Mawatha
Dalada
Sri Dalada Maligawa (Zahntempel)
Vidiya
3
2
4

Anagarika Dharmapala Mawatha

5
7

K. Tukela Lake R.

Sri Wickrama Rajasin Mw.
Market Hall 6
Muslim Palliya Para

Art & Craft Centre 5

Kiri Muhada (Milchsee)

Sangaraja Mawatha
Eravur, Ampara

Botanischer Garten von Peradeniya 6
Ehalepola Kumarihami Mawatha
Wace Park
Rajapihilla Mawatha
Reservoir Road

Malwatte Monastery

Railway Station
W. R. D. Bandaranaike Mawatha
William Gopallawa Mawatha
Kappetipola
Rajapihilla Mawatha
Keerthi Sri Rajasinghe Mawatha

Government Offices 8
4

Peradeniya, Kegalla, Colombo, Nuwara Eliya

a 7 Ceylon Tea Museum b c

MERIAN TOP 10

3 SRI DALADA MALIGAWA (ZAHNTEMPEL)

Im Tempel des heiligen Zahns hüten Mönche die Nationalreliquie, den oberen linken Eckzahn Buddhas. Er ist Objekt **religiöser Verehrung,** war aber über viele Jahrhunderte auch von **politischer Bedeutung,** denn der Hüter des Zahns regierte auch das Land. Im 4. Jh., als der Buddhismus im indischen Mutterland an Bedeutung verlor, soll eine Nonne ihn in ihrem Haar versteckt nach Sri Lanka gebracht haben. Die Könige von Anuradhapura bauten die ersten Tempel für den Zahn, der nach dem Niedergang der ersten Hauptstadt auf Wanderschaft ging, bis er Ende des 16. Jh. schließlich nach Kandy gelangte.

Seine **symbolische Bedeutung** hat der Zahn auch in der Gegenwart nicht eingebüßt: 1998 verübten die LTTE einen Anschlag auf den Zahntempel, um das singhalesische Nationalgefühl zu erschüttern.

Der Tempel selbst stammt aus dem 18./19. Jh. und ist architektonisch nicht sonderlich bemerkenswert, doch der Besuch während einer der drei **Puja-Zeremonien** am Tag ist ein Erlebnis. Mit Lotusblüten strömen Scharen von Pilgern dem Heiligtum entgegen. Dumpfe Trommelklänge empfangen Gläubige und Besucher in der offenen Halle. Wer aus nächster Nähe einen Blick auf den Reliquienbehälter erhaschen möchte, reiht sich im ersten Stock in die Schlange der Wartenden ein, taucht in die Menge ein und schiebt mit. Insider und Genießer wissen: Auch außerhalb der teils überlaufenen Puja-Zeremonien ist der Tempel sehenswert, etwa die **Andachtshalle** mit Gemälden, die die Odyssee des heiligen Zahns anschaulich illustrieren. Die Ausstellung zum verstorbenen und hier präparierten Tempelelefant, dem *raja tusker*, in seiner vollen Größe ist sicherlich nicht jedermanns Geschmack.

Von ausländischen Besuchern wird angemessene Kleidung erwartet (keine Shorts, Miniröcke und Trägerhemdchen).

Dalada Veediya | http://sridaladamaligawa.lk | tgl. 5.30–20.30 Uhr (Puja-Zeremonien 5.30, 9.30 und 18.30 Uhr) | Eintritt 1500 Rs.

❹ NATIONALMUSEUM

Haushaltsgeräte, Kunsthandwerk (Textilien, Schmuck), Waffen und historische Dokumente informieren über die große Zeit des Königreichs Kandy.

Hinter dem Zahntempel | www.sridaladamaligawa.lk | So–Do 10-16 Uhr | Eintritt ist im Zahntempelticket enthalten, sonst 500 Rs.

❺ KIRI MUHADA (MILCHSEE)

Der künstliche See im Zentrum der Stadt, wenn auch mittlerweile vom Verkehr umtost, trägt wesentlich zu Kandys Flair bei. Ausgehoben wurde er erst im frühen 19. Jh. vom letzten König Kandys, der ihn nach einem mythischen Schöpfungssee *kiri muhuda* (Milchsee) taufte.

Morgenstimmung am Mahaweli River bei dem weitläufigen Botanischen Garten von Peradeniya, einer herrlichen Anlage mit einer enormen Artenvielfalt.

Ein schöner Spazierweg (4 km) führt um den See herum, wo man am nördlichen Ufer im **Kandyan Arts and Crafts Center** den Kunsthandwerkern über die Schulter blicken und abends den **Kandy Dancers** (→ S. 125) zusehen kann. In der östlichen Ecke am Seeufer trifft man auf die **Buddhist Publication Society,** die Informationen zu Buddhismus und Meditationskursen bereithält, und am südlichen Ufer lohnt das **Kloster Malwatta** einen Besuch, der Hauptsitz von Sri Lankas wichtigster buddhistischer Ordensgruppe. Zum Abschluss der Seerunde lockt ein Kännchen Tee im kolonialen **Queen's Hotel** (→ S. 123).

MERIAN TOP 10

❻ BOTANISCHER GARTEN VON PERADENIYA

Mehr als 4000 Pflanzen gedeihen im 60 ha großen Park, den die Briten im 19. Jh. als Forschungsinstitut gründeten. Er schmiegt sich in eine Biegung des Mahaweli River und gehört nicht nur zu den größten, sondern zweifellos auch zu den schönsten botanischen Gärten Asiens. Einen halben Tag sollte man einplanen, um die Höhepunkte zu erkunden. Eine Art Wahrzeichen des Gartens ist die riesige **Javafeige** unweit des

Jasminum grandiflorum, auch bekannt als Spanischer Jasmin und in Sri Lanka als Saman pichcha, gilt als Nationalpflanze des Landes.

kleinen Restaurants. Das Astwerk des Riesenbaums, 1861 gepflanzt, überspannt eine Fläche von 1600 m² und ist ein herrlicher Spielplatz.

Gesehen haben sollte man auch die Palmetto- und Königspalmenalleen, den Riesenbambus-Hain, den Gewürzgarten, den Ayurveda-Kräutergarten und das Orchideenhaus. Am Wochenende kann man sich auf den Rasenflächen unter die picknickenden Familien mischen.

Peradeniya, Galaha Rd. (5 km südwestl. von Kandy) | tgl. 8–17.30 Uhr | Eintritt 1500 Rs.

❼ CEYLON TEA MUSEUM

Seit dem 19. Jh. ist die Umgebung Kandys ein Zentrum des Teeanbaus. Wer keine Zeit für den Besuch einer Plantage im Hochland hat, kann sich in der ehemaligen Teefabrik Hantane auf drei Etagen über die Teeproduktion informieren und die blank gewienerten Maschinen bewundern – und natürlich feinsten Tee einkaufen. Mit Aussichtslokal im 4. Stock.

Hantana Rd. (ca. 3 km südl. von Kandy) | www.ceylonteamuseum.com | Di–Sa 8.30–15.45, So 8.30–15 Uhr | Eintritt 800 Rs.

8 GEWÜRZGÄRTEN C7

Gewürze gehören zum natürlichen Reichtum der Insel. Zwischen Kandy und Matale findet man immer wieder Hinweise auf *spice gardens,* Mustergärten großer Gewürzplantagen. Im Rahmen einer Führung erfährt man hier, wie der Pfeffer wächst und wofür das ein oder andere Kraut zu gebrauchen ist. Mit Ingwer, Kurkuma, Muskat und Zimt kann man die Gewürzvorräte auffüllen, aber auch (überteuerte) ayurvedische Mittelchen gegen fast jedes Wehwehchen erwerben (→ S. 101).

Straße zwischen Matale und Kandy | meist 9–18 Uhr | Eintritt frei

9 ALU VIHARA C7

In dem **Felsenkloster** haben Mönche vor 2000 Jahren erstmals die Lehre des Buddhismus schriftlich auf Palmblättern festgehalten. Noch heute kopieren hier Mönche alte **Palmblattmanuskripte,** und man kann ihnen bei der Arbeit zusehen: Blätter der Palmyrapalme werden getrocknet, gekocht und gepresst, dann ritzt man die Texte mit einem spitzen Stift ein und macht sie mit Holzkohle sichtbar. Einige Höhlen sind eindrucksvoll ausgemalt, allerdings auch mit drastischen, aber knallbunten (Folter-)Szenen aus der Hölle.

Matale (27 km nördl. von Kandy) | tgl. 6–19.30 Uhr | Eintritt 300 Rs.

Auskunft

TRAVEL INFORMA-TION CENTRE

Deva Veediya (beim Zahntempel) | Mo–Fr 8.30–16 Uhr

Übernachten

1 *Erste Adresse für Literaturfans*
QUEEN'S HOTEL

In dem etwas abgewohnten Klassiker wohnte schon Hermann Hesse (→ S. 126)! Die Zimmer im Kolonialstil sind schlicht, aber nicht ohne Charme. Die zentrale Lage beim Zahntempel sowie der schöne Garten mit Frangipanibäumen und Pool sind Pluspunkte, aber Ohropax sollte man dabeihaben, wenn man kein Zimmer zum ruhigeren Innenhof bekommt.

D. S. Senanayake Veediya | Tel. 081/2 23 30 26 | www.queenshotel. lk | 73 Zimmer, 5 Suiten | €€

② *Aufatmen und Luftholen*

CINNAMON CITADEL

Durch seine herrliche Lage am Fluss besticht das angenehme Hotel trotz seiner Größe. Die großzügigen Zimmer, ein großer Pool und die Bar mit Livemusik tun ein Übriges, um sich vom trubeligen Kandy zu erholen.

124, Srimath Kuda Ratwatte Mawatha | Tel. 081/2 23 43 65 | www.cinnamonhotels.com | 121 Zimmer | €€€

③ *Kleine Perle*

VILLA ROSA

Das Boutique-Hotel liegt in exponierter Lage hoch über dem Fluss und bietet herrliche Ausblicke. Die Zimmer sind liebevoll eingerichtet. Der deutsche Besitzer ermöglicht Begegnungen mit Land und Leuten nach dem Motto »Entdecken und entspannen«. Der Pool vom Cinnamon Citadel kann von den Gästen der Villa Rosa mitbenutzt werden. Zudem gibt es einen Gratis-Tuk-Tuk-Shuttle in die Stadt (10 Min.).

71/18, Dodanwela Passage, Asgiriya | Tel. 081/2 21 55 56 | www.villarosa-kandy.com | 8 Zimmer | €€€

④ *Plüschiger Kolonialcharme in Toplage*

SUISSE

Gut geführtes Haus mit Garten und Pool direkt am See und trotzdem nur einen Spaziergang vom Zentrum entfernt. Säulen, Parkett, ein wunderschöner Speisesaal und das Billardzimmer lassen einen Hauch längst vergangener Zeiten durch das mehr als 200 Jahre alte Haus wehen.

30, Sangaraja Mawatha | Tel. 081/2 23 30 24 | hotelsuisse.lk | 90 Zimmer | €€

Essen und Trinken

⑤ *Hier sind Profis am Werk*

SLIGHTLY CHILLED BAMBOO GARDEN LOUNGE

Köstliche chinesisch-europäische Küche, sogar vegetarische Burger, gute Drinks und eine tolle Aussicht von der Dachterrasse auf den Milchsee. Wenn dann noch die Sonne untergeht und Livemusik in dem britisch geführten, angesagten Pub erklingt, was will man mehr. Die Lounge ist allerdings etwas versteckt; am Wochenende muss man reservieren.

Markt ist in Kandy jeden Tag. Die Stände der Händler biegen sich unter dem Angebot an exotischem Obst und frischem Gemüse.

29a, Anagarika, Dharmapala Mawatha | Tel. 081/2 23 82 67 | lightly-chilled.com | €

Einkaufen

⑥ *Der Nase nach*
MARKT
Im unteren Stock des Marktgebäudes folgt man einfach den Gerüchen und Farben. Papayas, Mangos, Mangostan und andere Exotenfrüchte stapeln sich an den Ständen. Darüber baumeln Bananen und alles, was die Gewürzgärten hergeben – von Kurkuma und Koriander über Pfeffer und Vanille bis hin zu dem berühmten Ceylon-Zimt. Verkaufsschlager sind

aber auch Aloe vera und Zutaten aus der Ayurveda-Küche. Natürlich ist Verhandlungsgeschick gefragt!
Hiragaderea Mawatha, in Bahnhofsnähe | Mo–Sa 7–15 Uhr

Abendgestaltung

⑦ *Farbenfroh*
KANDY DANCE SHOW
Eine Touristenshow, aber was für eine: In den Hochlandtänzen, die sich am Königshof entwickelten, glänzen die Männer. Für Touristen entfachen die Tänzer (und natürlich auch einige Tänzerinnen) Abend für Abend in bunten Kostümen ein faszinierendes

Der Gadaladeniya-Tempel ist nicht nur besonders reizvoll gelegen. Vor allem sehenswert sind seine Gemälde, Friese und unzähligen Details.

Auf den Spuren Hermann Hesses

Diese Tour führt von einem schönen Tempel zum nächsten. Schon der deutsche Dichter Hermann Hesse hat bei seiner Ceylonreise 1911 diese sehenswerten, über 650 Jahre alten buddhistischen Gotteshäuser bewundert. Die drei ältesten Heiligtümer im Südwesten Kandys erreicht man entweder bei einer abwechslungsreichen Tageswanderung zu Fuß (zwölf bis 15 Kilometer an der Straße zwischen Peradeniya und Kadugannawa) oder als Halbtagestour per Trishaw, Bus bzw. Taxi. Dann kann man zumindest die kurzen Teilstrecken zwischen den Tempeln wandern – auf den Spuren Hermann Hesses.

Bester Ausgangspunkt ist der **Gadaladeniya-Tempel,** rund sechs Kilometer westlich von Peradeniya (Bus 644). Der Steintempel aus dem 14. Jahrhundert befindet sich auf einem Felsenhügel. Schon die weiße Dagoba am Eingang ist ein echter Blickfang. Sie steht auf einem steinernen Sockel in Kreuzform, umgeben von vier kleineren Dagobas und Elefantenstatuen. Ungewöhnlich ist das Ziegeldach, das von weißen Säulen getragen wird. Am Lotosteich vorbei gelangt man zum Haupttempel, der mit seinem Turmaufsatz und den Hindufresken eher von südindischer Bauweise geprägt ist. Im Innern ist ein Bronze-Buddha in Meditationspose. In dem schönen Makarabogen über dem Erleuchteten sind die magischen Kräfte von sieben Tieren (Elefant, Büffel, Krokodil, Löwe, Fisch oder Schlange, Affe und Pfau) in einem einzigen mythologischen und drachenähnlichen Tier dargestellt.

Weiter geht es etwa vier Kilometer der Straße folgend auf und ab, vorbei an Teeplantagen und Bambuswäldern, Palmenhainen und Reisfeldern. Der bildschöne **Lankatilaka-Tempel** (ausgeschildert) ist schon von Weitem auf einem Felsrücken zu sehen. An dem kurzen Aufstiegspfad stehen zahlreiche Buden mit Souvenirs und religiösen Devotionalien.

Das buddhistische Gotteshaus besteht aus Haupthalle, weißer Dagoba und Bodhi-Baum und trägt doch unverkennbar hinduistische Züge. Die Hindugötter Vishnu, Ganesh und Skanda (auch: Kataragama, Murugan) sind hier versammelt, aber auch ein großer Stein-Buddha, der unter einem Makarabogen meditiert.

Der dritte Tempel im Bunde ist der etwa zweieinhalb Kilometer südlich gelegene **Embekke Devale**. Zu ihm kommt man, wenn man zur Hauptstraße zurückgeht, dort rechts abbiegt und kurz danach links auf einen holprigen, schmalen Pfad abzweigt. Es ist ausgeschildert. Dieser bemerkenswerte Tempel aus dem 14. Jahrhundert ist später dem Hindugott Skanda gewidmet worden. Hauptattraktion sind die kostbaren, teils sehr gut erhaltenen Holzschnitzereien, die zu den herausragenden Beispielen singhalesischer Kunst zählen. Die Künstler schufen vor rund 650 Jahren insgesamt 514 Figuren, besonders beachtenswert sind die Schnitzereien in der offenen Trommlerhalle – Motive aus der sri-lankischen Geschichte, Mythologie und (Alltags-)Kultur: Blumen und Lotos, Kandy-Tänzer und Musikanten, ein doppelköpfiger Adler, ein Löwe, ein verschlungener Yogi und eine barbusige Tänzerin, eine Jungfrau, Schwäne, ein Ringerpaar. Sogar ein Portugiese auf dem Pferd und ein Singhalese mit Schwert sind zu erkennen.

Vom Dorf Embekke verkehrt halbstündlich der Bus Nr. 643 zurück nach Kandy

Feuerwerk aus Akrobatik und Trommelrhythmen. Mit Feuerlaufen und Feuerschlucken als Highlight endet das Spektakel nach einer Stunde. Cultural Center, 70, Sangaraja Mawatha (am See) | tgl. 17 Uhr | Eintritt 1000 Rs.

⑧ *Let's have a drink*
BOMMU ROOFTOP BAR
In der angesagten und schick gestylten Rooftop Lounge des Ozo Hotels mit Dach-Pool kann man bei bestem Blick über Stadt, Hügel und See nicht nur weit gucken sondern auch gut speisen: Snacks und Tapas, Pizza und Burger sowie einige asiatische Klassiker, dazu eiskaltes Bier. Die Cocktails sind kunterbunt – auch der Barkeeper versteht sein Geschäft. Die Preise sind erstaunlich moderat. 31, Saranankara Rd. | Tel. 081/2 03 07 00 | www.ozohotels.com | €–€€

NUWARA ELIYA C8

30 000 Einwohner

Im Hochland Sri Lankas herrscht ewiger Frühling – tagsüber steigt das Thermometer selten über 25 Grad, und abends wird der Kamin angeheizt. Kein Wunder, dass tropenmüde und heimwehkranke Briten in 2000 m Höhe eine Kleinstadt nach britischem Vorbild schufen. Hier träumten sie von ihrer grünen Heimat und genossen die Sommerfrische bei Jagd, Golf und Pferderennen. Villen im viktorianischen Stil, gepflegte Rasenflächen und englische Rosen prägen den kleinen Ort Nuwara Eliya (meist zu »Nurelia« abgekürzt) noch heute, lediglich Baumfarne und baumhohe Weihnachtssterne erinnern daran, dass man sich in den Tropen befindet.

Heute tummeln sich in Nurelia Colombos Upper Class und zahlreiche Honeymooner. Voll wird es in den singhalesischen Neujahrsferien Mitte April. Dann erfüllt die Pferderennbahn,

Teeplantage bei Nuwara Eliya. Die Gegend um die Kleinstadt im zentralen Hochland gehört zu den wichtigsten Anbaugebieten des Landes.

Das Nuwara Eliya Post Office ist die älteste Post in Sri Lanka. Die Briten errichteten das Backsteingebäude 1894 im Tudorstil.

auf der sonst Schulklassen Cricket spielen, das einzige Mal im Jahr ihren eigentlichen Zweck. Die Attraktionen des Städtchens liegen nah beieinander. Im **Grand Hotel** schnuppern heute Reisegruppen Kolonialflair. In der Nachbarschaft liegen der exklusive **Hill Club,** einer der schönsten Golfplätze Asiens, der Victoria Park und das hübsche koloniale **Post Office.** Den Dschungel ringsum rodeten die Briten, um Platz für Kaffeeplantagen zu machen. Erst als diese 1867 der Kaffeepest zum Opfer fielen, importierte man versuchsweise Teesträucher – die im feuchtwarmen Hochlandklima prächtig gediehen. Die Erfolgsgeschichte des Ceylontees konnte beginnen.

Sehenswertes

MERIAN TOP 10

TEEPLANTAGEN

Grüne Teeteppiche, so weit das Auge reicht! Gepflückt wird der Rohstoff für die edelsten Ceylontees von Tamilinnen, deren Vorfahren am Ende des 19. Jh. aus Indien angesiedelt wurden, weil kein Singhalese die mühselige Arbeit für geringen Lohn verrichten wollte. Unzählige Male wandern im Laufe des Arbeitstags die Knospe und die obersten beiden Blättern in ihre Körbe.

In den Teefabriken können Besucher wochentags verfolgen, wie aus grünen Blättern durch Fermentieren, Trocknen und Rollen aromatischer Tee wird. Bei der (meist kostenlosen) Verkostung kann man sich vom Aroma der besten Hochlandqualitäten überzeugen und zu erfreulich günstigen Preisen einkaufen. Am besten morgens zwischen 8 und 10 Uhr kommen. Pedro Tea Estate (3 km nördl. von Nuwara Eliya) | tgl. 8–12.30, 14–17 Uhr | geringer Eintritt

HAKGALA

Der botanische Garten ist das Pendant zu dem von Peradeniya. Ursprünglich wurde hier Chinarinde gezüchtet, die man gegen die Malaria einsetzte, heute findet man v. a. Pflanzen aus gemäßigten Breiten. Berühmt ist der Garten für seine zahlreichen duftenden Rosen und wilden Orchideen – allerdings ist der Eintrittspreis gepfeffert und nicht wirklich gerechtfertigt. 10 km südöstl. von Nuwara Eliya | tgl. 7.30–17 Uhr | Eintritt 1500 Rs.

Übernachten

Wiederbelebte Nobel-Nostalgie

THE GRAND HOTEL

1891 als Gouverneursresidenz erbaut, ist das Grand Hotel nach aufwendiger Restauration heute wieder eine elegante Herberge mit Old-World-Charme. Zwischen Kaminzimmer, Billardtisch und englischem Rasen fühlt man sich wie zu Queen Victorias Zeiten. Zentralheizung und WiFi sind ein Zugeständnis an die Moderne, ebenso der von Säulen umrahmte Indoor-Pool. Kulinarisch mischen sich Ost und West. Mitten im Ortszentrum, in Fußweite zum Hill Club gelegen. Manchmal herrscht wegen der zahlreichen Reisegruppen ein gewisser Rummel.

Grand Hotel Rd. | Tel. 052/2 22 28 81 | https://thegrandhotel-nuwaraeliya.com | 163 Zimmer | €€€€

Tee ist ein wichtiges Exportgut des Landes. Er wird in mühseliger Handarbeit ausschließlich von Frauen geerntet.

BROKEN ORANGE PEKOE & CO.

Zur Teeprobe ins Hochland

Auf der Fahrt durch das Hochland rund um Nuwara Eliya kann man, ach was, muss man unbedingt einer der vielen Teefabriken – Somerset, Mackwoods, Glenford, Edinburgh – einen Besuch abstatten, denn die *tea estates* zeugen vom britischen Erbe, das noch heute für die Wirtschaft Sri Lankas als einer der weltweit führenden Tee-Exporteure von so großer Bedeutung ist.

Beim Eintreten in die Teefabrik bitte einmal tief Luft holen. In den silbrig glänzenden, vierstöckigen Gebäuden riecht es wie in einer gigantischen Teebüchse. Bei den einstündigen Rundgängen wird den Besuchern der **Herstellungsprozess** von der Lagerung, Fermentierung und Trocknung über das Sortieren und Reinigen bis hin zum Tee-Testen erläutert. Mehrere Trocken- und Sortierdurchgänge sind nötig, um eine der insgesamt acht Qualitätsstufen zu erreichen. Der beste und bekannteste Tee, der mittelgrobe **Broken Orange Pekoe** (BOP), stammt aus den höchsten Regionen der Insel. Etwas kräftiger sind der nur aus kleinen Blättern produzierte **BOP Fannings** und der sehr fein gemahlene und starke **Dust** – beide werden für Teebeutel verwendet. Ganz sanft dagegen fühlt sich der hochwertige **Flowery BOP** an, für den ausschließlich die Spitzen der geschlossenen Teeblüten benutzt werden. Und noch viel feiner und teurer ist der **Golden Tip,** der nur aus den Knospen gewonnen wird und wenig bittere Gerbstoffe enthält. Ein Tee-Tester auf der Colombo-Auktion trinkt bis zu 300 Tassen am Tag bzw. spuckt sie natürlich wieder aus. Apropos: In Sri Lanka trinkt man Tee mit viel Milch und Zucker.

Ein kleines Teemuseum befindet sich rund drei Kilometer südlich von Kandy in der ehemaligen Hantana Teefabrik. Im **Ceylon Tea Museum** (www.ceylonteamuseum.com) kann man den Spuren des jungen Schotten James Taylor (1835–1892) folgen, der erstmals 1867 Teepflanzen in Ceylon zu kommerziellen Zwecken angebaut hatte. Die alten Maschinen sind blank gewienert und rattern heute noch wie damals. Bereits 1824 wurden Teeblätter zu Forschungszwecken eingeführt. Seitdem gedeiht auf der Insel einer der weltbesten Tees. Kein Wunder, denn das sri-lankische Klima hat genau die richtige Mischung aus Feuchtigkeit und Hitze, aus Sonnenschein und Regen. Seit 1995 führt Sri Lanka die Weltrangliste als einer der fünf größten Teeexporteure mit an.

Wieder draußen, betrachtet man die Hügellandschaft mit anderen Augen. Aus der sattgrünen Kulisse leuchten die Saris der **Teepflückerinnen** oder ihre bunten Plastikplanen, die sie als Regenschutz über den Kopf gezogen haben. Meist sind es Tamilinnen, die das ganze Jahr mit flinken Handgriffen die Teeblätter pflücken – nur die obersten beiden hellgrünen und die haarige Knospe, die etwa alle zwei bis drei Wochen nachgewachsen ist. Eine Pflückerin sammelt durchschnittlich 22 Kilogramm am Tag, das ergibt fünf Kilogramm Tee. Die Teepflückerinnen gehören zu den ärmsten Bevölkerungsschichten Sri Lankas, denn sie bekommen als Grundlohn nur 700 Sri-Lanka-Rupien, das sind ganze 3,50 Euro am Tag.

Landhausflair
ST. ANDREW'S

Ein gemütliches Kolonialhotel von überschaubarer Größe und mit ausgesprochen schönem Garten, High Tea am Kaminfeuer und Fine Dining. Der Service ist allerdings etwas schleppend.

10, St. Andrew's Drive | Tel. 052/ 2 22 30 31 | www.jetwinghotels. com/jetwingstandrews | 52 Zimmer | €€€–€€€€

Schöner wohnen in der Fabrik
TEA FACTORY

Hier dreht sich (fast) alles um Tee: Eine Fabrik aus den 1930er-Jahren wurde stilvoll restauriert und in ein luxuriöses Hotel verwandelt. Wo man heute eincheckt, wurden früher Teeblätter getrocknet. Im einstigen Abfüllraum werden jetzt Cocktails gereicht, und im ehemaligen Probierraum serviert man Currys. Ringsum ist alles teegrün, und sogar aus der Badewanne genießt man den Blick auf die Teefelder. Wer aktiv werden möchte, kann sein Talent als Teepflücker unter Beweis stellen und die Ausbeute in der Miniaturfabrik des Hotels selbst verarbeiten.

Waterfield Drive | Tel. 052/5 55 50 00 | www.heritancehotels.com/ teafactory | 54 Zimmer | €€€€

Essen und Trinken

Very British
HILL CLUB

Der altehrwürdige Club, der mit seinen trutzigen grauen Steinmauern bestens in die schottischen Highlands passen würde, war zu britischer Zeit Treffpunkt der Pflanzer. Heute entstammen seine Mitglieder der High Society Colombos. Wer den Dresscode beherzigt (Schlips und Jacket kann man leihen), kann bei einem stilvollen Afternoon Tea der blutjungen Queen Elizabeth zuprosten, deren Porträt seit 60 Jahren über dem Kamin hängt. Im Speisesaal servieren Kellner mit weißen Handschuhen abends Roastbeef und Kidney Pie bei Kerzenlicht. Und den Single Malt in der Men's Bar dürfen längst auch Damen zu sich nehmen. Die Speisen sind erschwinglich, die Preise für alkoholische Getränke haben es in sich.

29, Grand Hotel Rd. | Tel. 052/2 22 26 53 | www.hillclubsrilanka.lk | €€€–€€€€

BANDARAWELA D9

65 000 Einwohner

Auf 1300 m Höhe, wo ein Teppich aus Teepflanzen die Berge überzieht, entspannten schon die Briten. Was in den Obst- und Gemüsegärten rundum gedeiht, findet sich täglich auf dem **farbenfrohen Markt**. Gerade weil der lebhafte Ort nicht nur vom Tourismus lebt, ist er ein perfekter Ausgangspunkt für die Erkundung des Hochlands.

Sehenswertes

HÖHLENTEMPEL DOWA VIHARA

Wem die berühmten Höhlentempel von Dambulla (→ S. 154) gut gefallen haben, aber etwas zu voll waren, der ist hier richtig: Ein imposanter, 11 m hoher Buddha, den Steinmetze vor 2000 Jahren aus dem Fels meißelten, zieht in diesem ruhigen, fast schon verträumten Höhlentempel alle Blicke auf sich. Die Wandfresken, die Szenen aus dem Leben Gautama Buddhas darstellen, sind immerhin auch schon rund 400 Jahre alt.

5 km östl. von Bandarawela | Eintritt auf Spendenbasis

Übernachten

8 MERIAN EMPFEHLUNG

Geschichtsträchtig und trotzdem erschwinglich
BANDARAWELA HOTEL

Der ehemalige Planters Club, 1893 erbaut und seit 1908 ein Hotel, versprüht jede Menge nostalgischen Charme. Man kann sich in riesigen Messingbetten räkeln und vor dem Kamin die Tea Time zelebrieren – angesichts der historischen Schwarz-Weiß-Fotos und alten Zeichnungen ist es ein Leichtes, sich in die Zeiten zurückzuversetzen, als noch Elefanten- und Leopardenjagden zum Zeitvertreib der Teepflanzer und Plantagenbesitzer gehörten.

14, Welimada Rd. | Tel. 057/2 22 25 01 | www.aitkenspencehotels. com/bandarawelahotel | 33 Zimmer | €€

ELLA D 9

2000 Einwohner

Spektakuläre Schluchten und Wasserfälle, schroffe Berghänge und fruchtbare Gemüseterrassen umgeben den kleinen Ort auf rund 1000 m Meereshöhe. Weil die Atmosphäre sehr entspannt ist, ziehen v. a. jüngere Reisende Ella dem konservativen Nuwara Eliya als Basis für die Hochlanderkundung vor. Das mag auch an den vielen Bars und an neuerdings immer mehr Infinity-Pools über dem Traumtal liegen, aber sicherlich besonders am **Ella Gap:** Durch das steil abfallende Tal reicht der Blick bei guter Sicht bis zur 100 km entfernten Küste. Die **Ravana Ella Falls** (6 km südl. von Ella) stürzen direkt an der Straße talwärts – ideal für eine erfrischende Badepause.

Übernachten

Chillen mit Traumpanorama
ZION VIEW GUEST HOUSE

Gemütliche Zimmer, Frühstück und ein Bad im Pool mit Aussicht, Hängematten, Schaukelsessel und Yogakurse – ein Rückzugsort, perfekt zum Chillen für die Gäste, es gibt außerdem einen Kinderspielraum. Der Besitzer weiß, was Europäern gefällt, denn er lebte einige Jahre in der Schweiz. Die Zimmer sind allerdings relativ schlicht, man zahlt im Zion View Guest House für die Lage.

Waterfall Rd., Wemulhena | Tel. 072/7 85 57 13 | www.zion-view-ella-green-retreat.com | 7 Zimmer | €€–€€€

HAPUTALE D 9

5000 Einwohner

Der kleine unspektakuläre Ort, der sich auf 1300 m Höhe auf einem Bergrücken breit macht, ist bestens geeignet als Ausgangspunkt für Wanderungen und Ausflüge in die Umgebung und weitaus günstiger als das etwas snobistische Nuwara Eliya. Beliebte Wanderziele sind die zahlreichen Wasserfälle, wie die **Diyaluma Falls** (171 m hoch, 33 km östl. von Haputale) oder die **Bambarakanda-Wasserfälle,** mit 241 m die höchsten Sri

Die Aussicht vom Little Adam's Peak ist großartig, und man hat den 1141 m hohen Berg bei Ella schneller und einfacher bestiegen als den großen Adam's Peak.

Lankas (28 km westl. von Haputale). Am eindrucksvollsten rauschen die Wassermassen von September bis Mai – allerdings wandert man dann oft im Nebel.

Übernachten

Guter Komfort
OLYMPUS PLAZA HOTEL

Das moderne Hotel wirkt etwas unterkühlt und passt nicht so recht ins sri-lankische Hochland, aber der Preis für die komfortablen Balkonzimmer ist sehr attraktiv, der Service freundlich, die Speisen sind authentisch-gut. Kinder freuen sich über einen großen Indoor-Spielplatz.

75, Welimada Rd. | Tel. 057/2 26 85 44 | www.olympusplazahotel. com | 35 Zimmer | €€

MERIAN EMPFEHLUNG

KITULGALA B8

Der Filmklassiker »Die Brücke am Kwai« mit Alec Guinness und William Holden spielt in Thailand an der thailändisch-burmesischen (heute: myanmarischen) Grenze und gehörte zu den Kinohits der 1950er-Jahre. Der Streifen wurde mit sieben Oscars ausgezeichnet. Kein Wunder, dass noch immer zahlreiche Cineasten zum tatsächlichen Drehort des Films in Sri Lanka pilgern (von der A 7, km 40, ausgeschildert). Die Brücke selbst, einst aus 1200 Bambusrohren errichtet, existiert nicht mehr – schließlich wird sie am Ende des Films gesprengt. Mit 35 m Höhe und 130 m Länge war sie die bis dahin größte Brückenkulisse der Filmgeschichte.

Doch auch der Kelania River ist eine Attraktion und echtes Naturerlebnis für alle, die nicht wasserscheu sind: Der Fluss rauscht durch eine herrliche Dschungellandschaft und wird zur Regenzeit zum Wildwasser, das sich bestens zum White Water Rafing eignet. Mit einem wackeligen Auslegerboot kann man zum Dorf auf der anderen Seite des Flusses übersetzen und das Naturschutzgebiet erwandern.

Sehenswertes

KITULGALA RAINFOREST RESERVE

Ein Naturschutzgebiet mit Restbeständen an Regenwald – schön zum Wandern und für Vogelbeobachtungen.

Zugang beim Kitulgala Rest House auf der anderen Flussseite (mit Auslegerboot übersetzen) | geringer Eintritt

Essen und Trinken

Kultplatz für Kino-Fans
KITULGALA REST HOUSE

Wo während der Dreharbeiten zum oscarprämierten Filmklassiker »Die Brücke am Kwai« die Stars logierten, wird heute köstliche Hausmannskost serviert, leckeres Rice & Curry, wie es sein sollte. Zur Mittagszeit kann es hier durch die Reisegruppen voll werden, dann kann man man sich die Wartezeit gut in der kleinen Ausstellung mit Fotos von den Dreharbeiten vertreiben. Den Rest des Tages ist es wunderbar ruhig und friedlich, und im Garten kann man bestens entspannen, nachdem man sich bei einer der zahlreichen Outdoor-Aktivitäten, die im Ort angeboten werden, ausgiebig ausgetobt hat.

AHN Highway | Tel. 036/5 67 23 33 | www.chcresthouses.com | €–€€

Kitulgala ist zwar in erster Linie als Drehort für den Klassiker »Die Brücke am Kwai« bekannt. Aber man findet auch schöne Villen im Kolonialstil.

Aktivitäten

Auf den Fluss trauen
WHITE WATER RAFTING

Rafting auf dem Kelani River mit seinen acht rasanten Stromschnellen (Schwierigkeitsgrad 2–3) ist legendär. Die besten Bedingungen dafür herrschen nach der Regenzeit im Dezember. Hier können abenteuerlustige Urlauber auch in offenen Baumhäusern übernachten (€€), v. a. in der Regenzeit ist dieses hautnahe Naturerlebnis allerdings wirklich nichts für Warmduscher …

Buchung über Rafters Retreat | Tel. 036/2 28 75 98 | www.rafters retreat.com

SRI PADA (ADAM'S PEAK) C9

4800 Stufen führen auf Sri Lankas heiligsten Berg. Pilger und Wanderer erklimmen sie in der Pilgersaison von Dezember bis Mai meist mitten in der Nacht, um in 2243 m Höhe den Sonnenaufgang zu erleben. Vier Stunden dauert der Weg zum Gipfel, auf dem am frühen Morgen meist ein eisiger Wind pfeift. Das Objekt der allgemeinen Verehrung ist ein überdimensionaler **Fußabdruck,** den die Buddhisten Buddha, die Hindus Gott Shiva und Christen und Muslime dem Apostel Thomas bzw. Adam zuschreiben. Jeder singhalesische Bud-

Wenn die Sonne aufgeht, erlebt man auf dem Adam's Peak, den jeder Singhalese einmal im Leben besteigen sollte, magische Augenblicke.

PILGERZIEL ADAM'S PEAK

Sieben Kilometer Treppen

Dalhousie, ein Dorf am Fuße des Sri Pada. Es ist ein Uhr nachts, lausekalt und duster. Der Adam's Peak reckt seine 2243 Meter in die Finsternis. Eine steile, ausgetretene und glitschige Treppe mit 4800 Stufen in sein Wolkenreich liegen vor den Heerscharen von Pilgern und anderen Bergbezwingern. Sieben Kilometer nichts als Treppensteigen. Die Gebetsfahnen flattern im Wind – ein irre knatterndes Stakkato. Kleine, windschiefe *chai*-Shops am Wegesrand versorgen die Pilger mit stark gesüßtem Milchtee. Viele Gläubige sind barfuß, mit Handtüchern und Saris vermummt und murmeln Gebets-Mantras, einige singen.

Buddhisten, Hindus, Moslems und Christen betrachten den Adam's Peak als heilig. Der **hochverehrte »Fußabdruck«** auf dem Gipfel stammt von Buddha bei seinem legendären Besuch vor 2500 Jahren, aber es kann auch der von Hindugott Shiva oder vom Apostel Thomas sein, je nach Konfession. Die Moslems glauben, dass Adam nach der Vertreibung aus dem Paradies hier oben die Erde betreten hat. Auf dem Gipfel soll er auf einem Fuße stehend 1000 Jahre sein Schicksal beweint haben.

Kurz vor dem Gipfel sind viele Sri Lanker zwar sichtlich erschöpft, aber voller Erwartung. Die Augen und *tilaka*-Punkte auf der Stirn leuchten in den Gesichtern. Sie tragen ihre Kinder huckepack und Teller voller **Opfergaben und Blumen.** Eine hochschwangere Frau wird von ihrem Mann gestützt, eine 88-Jährige zieht sich am Eisengeländer hoch, ein paar Stufen sind es noch zum Tempel. Der Glaube gibt ihnen die Kraft. Auf dem letzten, steilsten Stück beeilt sich jeder der unzähligen Wallfahrer. 1000 Meter Höhenunterschied liegen hinter ihnen, oben empfängt sie eisiger Wind.

Wie im Zeitraffer taucht der rote Feuerball dann hinter den Zacken der Berge am Horizont auf. Was für ein Logenplatz im Himmel! Etwas Glück gehört schon dazu, um solch einem perfekten Auftritt der Sonne beizuwohnen. Aber eigentlich zieht es nur die Touristen wegen des Naturschauspiels auf den Gipfel des heiligen Berges. Die meisten (buddhistischen) Bewohner Sri Lankas wollen hier Verdienste für das eigene **Karma** erwerben, dem »Lebenskonto« aus guten und schlechten Taten.

Nachdem die Gläubigen die Sonne im Osten bibbernd und mit einem Gebet, die Hände über dem Kopf gefaltet, begrüßt haben, opfern sie Obst und Reis zu Ehren des Urhebers des Fußabdrucks. Sri-lankische Rupies landen klimpernd in der flachen Bodendelle mit den Ausmaßen einer Badewanne, dem »Fußabdruck«. Gebetsgesang erklingt über den Lautsprecher, von Trommlern und Flötenspielern begleitet. Jeder darf jetzt auch die silberne Glocke anschlagen, so oft wie er den Berg schon bezwungen hat. Eine greise Frau schlägt einmal, zweimal, dreimal, immer mehr Menschen drehen sich mit jedem neuen Schlag um, alles staunt und zählt mit, alle freuen sich mit der Gläubigen, die so viel Leid für ihr nächstes Leben ertragen und überwunden hat. Denn Buddhisten und Hindus wissen: Je größer die Qualen, desto größer ist auch der spirituelle Gewinn und die vollbrachte Buße.

Der berühmte Fußabdruck auf dem Adam's Peak. Er stammt von Buddha oder Shiva oder dem Apostel Thomas – je nachdem, woran man glaubt.

dhist sollte den Gipfel einmal im Leben bestiegen haben, entsprechend turbulent kann es an manchen Tagen auf dem Berg zugehen. Ein sportliches und spirituelles Erlebnis und unbestritten der Höhepunkt eines Besuchs im Hochland. Man muss kein Bergsteiger sein, aber ein bisschen **Fitness** ist unbedingte Voraussetzung für dieses Vorhaben.

Die Pilgersaison dauert von Nov./Dez. bis April/Mai, die Poya-Feiertage selbst sollte man meiden, da es dann zu langen Staus auf der Treppe kommen kann | www.sripada.org

Übernachten

Das Rund-um-sorglos-Paket für Wanderer
SLIGHTLY CHILLED GUESTHOUSE

Einfache, aber farbenfrohe und geräumige Zimmer, dazu ein Restaurant mit internationaler Küche, außerdem Abholservice vom Flughafen. Was will man mehr als diese hervorragende Ausgangsbasis für die Besteigung des heiligen Bergs. Das Guesthouse organisiert auch Touren in andere Regionen.

Nallathanniya | Tel. 071/9 09 87 10 | www.slightlychilledhotel. com | 14 Zimmer | €€

RATNAPURA B9

50 000 Einwohner

»Stadt der Edelsteine« lautet Ratnapura übersetzt, und tatsächlich dreht sich hier nicht alles, aber vieles um Saphire, Rubine & Co. Seit der Antike werden die kostbaren Steine in der Region geschürft und gehandelt. Den **Schmuckgeschäften** (manchmal als »Museum« getarnt) sind oft Schauwerkstätten angegliedert, wo man die Verarbeitung der Steine betrachten und sie natürlich auch erwerben kann. Wer sich nicht auskennt, sollte nur in zertifizierten Geschäften kaufen und das Handeln (auch bei Festpreisen) nicht vergessen.

Im Umland stößt man häufig auf Gruben in Reisfeldern, in denen Schürfer wie vor Jahrhunderten mit Hacke und Schaufel die Erde durchwühlen, getrieben von der Hoffnung auf den ganz großen Fund.

Ratnapura bietet sich zudem als ein guter Ausgangspunkt für die Erkundung des Sinharaja Rainforest und des Udawalawe-Nationalparks an.

Sehenswertes

GEMMOLOGICAL MUSEUM

Das Modell einer Grube veranschaulicht den mühsamen Prozess des Schürfens. Weiterhin sind Kopien berühmter Edelsteine zu sehen – darunter der Blue Bell of Asia, ein prächtiger blauer Saphir, der die britische Königskrone schmückt.

6, Ehelepola Mawatha | tgl. 8.30–17 Uhr | Eintritt frei

MAHA SAMAN DEVALE

Am Ufer des Kalu Ganga zieht zur alljährlichen *perahera* im Juli/August eine eindrucksvolle Prozession aus Trommlern und Tänzern zu diesem buddhistischen Tempel. Das Bauwerk aus dem 17. Jh. ist der Gottheit Saman gewidmet, dem Schutzgott des Adam's Peak und des gesamten Berglandes. Auffallend ist ein außergewöhnliches Steinrelief. Der portugiesische General Simao Pinnao tötet darauf einen ceylonesischen Soldaten.

Ca. 3 km westl. von Ratnapura

Ein Händler zeigt zwei seiner blauen Saphire. Ratnapura (s. S. 143), die »Stadt der Juwelen«, ist das Edelsteinzentrum Sri Lankas.

Übernachten

Was für eine Oase!
LAKE SERENITY BOUTIQUE HOTEL

Das abgelegene, dafür aber naturnahe Boutique-Hotel ist umgeben von Reisfeldern, Tee- und Kautschukplantagen. Die rustikal-charmanten Zimmer und zweistöckigen Häuschen im weitläufigen Garten punkten mit Himmelbetten, großen Balkonen und Korbmöbeln, nicht zu vergessen ist der Pool und ein schönes Lokal mit einer Veranda am See.

Gonapitiya, Kuruwita (ca. 14 km nördl. von Ratnapura) | Tel. 045/ 4 92 86 66 | www.lakeserenity.lk | 14 Zimmer | €€

MERIAN TOP 10

SINHARAJA RAINFOREST B/C10

Nicht nur Ornithologen geraten hier ins Schwärmen. 150 Vogelarten lassen sich hier zirpend und zwitschernd hören und manchmal auch blicken, darunter sind schillernde Eisvögel,

Spechte, Papagaien und Eulen. Sri Lanka war einst komplett mit dichtem Regenwald bedeckt, der längst Rodungen zum Opfer gefallen ist. Heute ist der Sinharaja Forest (»Wald des Löwenkönigs«) mit 89 km^2 das letzte zusammenhängende Regenwaldgebiet des Landes. Es wurde 1988 auf die UNESCO-Welterbeliste gesetzt. Der Besuch des Parks ist **nur mit Führer** erlaubt, was sinnvoll ist – würden doch die meisten Besucher im wahrsten Sinne des Wortes vor lauter Bäumen keinen Wald sehen. Die **Biodiversität** begeistert. Von den insgesamt 211 Baum- und Lianenarten, die in Sri Lanka endemisch sind, sind 139 im Sinharaja Rainforest nachgewiesen. Auch viele der 170 Orchideenarten kommen nur hier vor, außerdem beeindruckende fleischfressende Pflanzen. Riesige Schmetterlinge setzen Farbtupfer im Grün des Dschungels, und Schlangen, Tausendfüßler und Echsen huschen über Wege und Bäume.

Man kann zur Erkundung zwischen drei Wanderwegen wählen, die 3 bis 28 km lang sind. Mindestens drei Stunden sollte man für den Besuch einplanen. Feste Schuhe, lange Hosen und ein Regencape gehören unbedingt in den Rucksack, denn der Regenwald macht seinem Namen alle Ehre. Es regnet tatsächlich täglich – nur wer morgens sehr zeitig aufbricht, hat eine Chance, trockenen Fußes zurückzukehren. Blutegelstrümpfe/-stulpen gibt es vor Ort zu kaufen.

Zugang von Süden aus bei Mediripitiya (Deniyaya), von Ratnapura kommend bei Kudara | tgl. 8–17 Uhr | Eintritt ca. 1500 Rs. (je nach Dauer/Länge) inkl. Führer

Übernachten

Zentrale Lage
BLUE MAGPIE LODGE
Einfache Zimmer, aber nettes Lodge-Ambiente mitten im Nirgendwo. Vom Restaurant bietet sich ein schöner, am Morgen mystisch-verhangener Blick auf Teeplantagen und Reisfelder. Badestelle am Fluss. Restaurantservice für Nicht-Hotelgäste nur nach Vorbestellung.

Kudawa, unweit des nördl. Parkzugangs | Tel. 077/4 77 54 44 | www.bluemagpie.lk | 12 Zimmer | €€

KULTURDREIECK/ KÖNIGSSTÄDTE

Jaffna-Halbinsel
und die Ostküste

Kulturdreieck/
Colombo und Königsstädte
die Westküste

Kandy und
das Hochland

Galle und die
Südküste

Nördlich von Kandy taucht man in die Vergangenheit des Landes ein. In der Trockenzone des Nordens blühte vor mehr als 2000 Jahren eine Hochkultur. Neben den Ruinen alter Königsstädte faszinieren lebendige Heiligtümer und eine großartige Natur.

Wer historisch interessiert ist, hat im Kulturdreieck nicht selten die Qual der Wahl. Für das Inselzentrum sollte man Zeit und Muße mitbringen. Neben den beiden **historischen Hauptstädten** zählen auch die Felsenfestung **Sigiriya** und die **Höhlentempel von Dambulla** zum UNESCO-Weltkulturerbe. Außerdem kann man sich von vielen zwar weniger bekannten, aber nicht weniger sehenswerten Tempel- und Ruinenstätten sowie beeindruckenden Buddha-Statuen begeistern lassen.

Im zauberhaften Mihintale wurde erstmals ein einheimischer König mit der neuen, aus Indien kommenden Lehre des Buddhismus konfrontiert, die Sri Lankas Alltag bis heute bestimmt. In **Anuradhapura** und **Mihintale** ließen die Könige daraufhin die ersten schneeweißen Dagobas erbauen – Reliquienmonumente, die man anderswo Stupas nennt und die heute noch das Antlitz der gesamten Insel prägen.

Dass auch in der trockenen Region die Felder reiche Ernte trugen, war einer genialen Idee der alten Könige zu verdanken. Sie ließen Tausende **künstlicher Seen** *(wewas)* ausheben, die den Monsunregen speicherten und – durch ein ausgeklügeltes Netzwerk von Kanälen verbunden – die Felder bewässerten. Während der Regierungszeit von Parakrama Bahu ließ er den Parakrama Samudra ausheben, ein 2500 ha großes Staubecken. Zweifellos gehörten die ceylonesischen Bewässerungssysteme

Sigiriya, der rund 200 m hohe Monolith mit den Ruinen einer historischen Felsenfestung, ist UNESCO-Weltkulturerbe und eine Top-Sehenswürdigkeit.

zu den technischen Meisterwerken der antiken und mittelalterlichen Welt, auch wenn sie nicht so imposant wie die Pyramiden daherkommen. Ihre Bedeutung liegt in der Wirkung: Trockene Ebenen verwandelten sich in grüne Reisfeldlandschaften, und zweimal im Jahr konnten die Bauern ernten. Das sicherte die Versorgung der wachsenden Stadtbevölkerung, und darüber hinaus erwirtschaftete man Überschüsse, die den Bau der prachtvollen Tempel und Klöster finanzierten.

Mit den alten Königen verschwand das Wissen um die Bewässerungstechnik, aber zumindest ein Teil der *wewas* wurde im 20. Jh. reaktiviert. Heute sind der Tissa Wewa bei Anuradhapura oder der Parakrama Samudra und zahlreiche kleinere Seen, die über die Insel verstreut sind, für die Landwirtschaft wieder unverzichtbar.

Rund um die Wasserspeicher tummelt sich auch eine faszinierende Tierwelt. Kein Wunder also, dass in der Region auch einige der interessantesten und tierreichsten **Nationalparks** der Insel liegen – Wilpattu, westlich von Anuradhapura, oder Minneriya, nordwestlich von Polonnaruwa.

MERIAN TOP 10

ANURADHAPURA B5

Stadtplan → S. 149

70 000 Einwohner

Die moderne Stadt ist ein quirliges Handelszentrum, aber Besucher aus dem Westen kommen auf der Suche nach der großen Vergangenheit hierher. Über 1000 Jahre lang, vom 3. Jh. v. Chr. bis ins frühe 11. Jh., war Anuradhapura die **Hauptstadt** Sri Lankas. Im Zentrum der Stadt stand der **heilige Bodhi-Baum,** ein Ableger jenes indischen Pappelfeigenbaums, unter dem Siddhartha Gautama zu Buddha, dem Erleuchteten, wurde. Um das **Wallfahrtsziel** herum reckten sich stolze Dagobas himmelwärts, und mehr als 7000 Mönche lebten in den zahlreichen Klöstern.

An die 100 000 Menschen zählte die hochzivilisierte Stadt, die **1017** von tamilischen Truppen **zerstört** und von den Bewohnern verlassen wurde. Danach nahm der Dschungel fast ein Jahrtausend lang von den Ruinen Besitz, bis zu Beginn des 20. Jh. britische Archäologen die Überreste ausgruben und erforschten. Seit 1982 zählt die **Ausgrabungsstätte** zum UNESCO-Weltkulturerbe. Sie ist nach wie vor ein lebendiger Wallfahrtsort, und der heilige Bodhi-Baum wird wie ein Schatz gehütet. Er ist nachweislich mehr als 2000 Jahre alt und damit der älteste historisch dokumentierte Baum der Welt.

Das Ausgrabungsgelände ist weitläufig und kann per Auto, Tuk-Tuk oder mit dem Fahrrad erkundet werden. Letztere werden in vielen Hotels zur Miete angeboten. Einen halben Tag sollte man für die Besichtigung mindestens einplanen. Vor heiligen Stätten muss man die Schuhe gegen einen Obulus an den Verwahrungsstellen abgeben.

Sehenswertes

❶ ARCHÄOLOGISCHES MUSEUM (INFORMATION/KASSE)

Im sehenswerten Archäologischen Museum sind Modelle, Steinmetzarbeiten, Bronze- und Töpferwaren auf zwei Etagen

und im Garten ausgestellt, z.B. uralte Pinkelsteine, und erst das Modell des Königlichen Palastes lässt die wahren Dimensionen und die Baukünste der damaligen Architekten erahnen. Hier gibt es auch die nur einen Tag lang gültigen Anuradhapura-Tickets (außerdem an fünf verschiedenen Eingängen).

Gelände: tgl. 6–18 Uhr | Museum: Mi–Mo 8–17 Uhr | Eintritt 25 US$, Kinder (6–12 J.) 12,50 US$

Gläubige Buddhisten beten und entzünden Kerzen am Sri Maha Bodhi, dem heiligen Feigenbaum. Sie erhoffen sich davon gesunde Kinder und gute Ernten.

❷ LOHA PRASADA

Der Palast Loha Prasada ist eine der eindrucksvollsten Ruinen: 1600 Säulen erinnern an den Königspalast, der alten Quellen zufolge ehemals neun Stockwerke mit je 100 Zimmern besaß. In der Chronik »Mahavamsa« wird er als ein **Weltwunder** mit einem bronzenen Dach und Verzierungen aus Edelsteinen beschrieben. Das kostbare Baumaterial war übrigens religiöser Architektur und dem Königspalast vorbehalten, weshalb man wenig über die Lebensverhältnisse der Bevölkerung weiß.

❸ SRI MAHA BODHI

Die indische Prinzessin Sanghamitta, Tochter des Kaisers Ashoka, brachte den Ableger des Baumes, unter dem Buddha erleuchtet wurde, vor fast 2500 Jahren auf die Insel. Der altersschwache Baum muss von einem Gerüst gestützt werden. Sehr lebendig ist die Verehrung der Gläubigen, die Opfergaben niederlegen, Öllampen entzünden und Gebete murmeln.
extra-Eintritt 200 Rs.

❹ SAMADHI-BUDDHA

Wer noch Zeit und Ausdauer hat, sollte ein Schmuckstück des Abhayagiri-Komplexes im Norden des Ausgrabungsgeländes besuchen. Der Samadhi-Buddha ist nur etwa 2 m hoch, aber der Erleuchtete in Meditationspose aus dem 4. Jh. gehört zweifellos zu den schönsten Buddha-Statuen des Landes.

⑤ RUVANVELISAYA DAGOBA

Mitte des 2. Jh. v. Chr. entstand der bedeutendste Klosterkomplex, Mahavihara, mit der mächtigen Ruvanvelisaya Dagoba – damals galt sie mit einer ursprünglichen Höhe von 110 m als das größte buddhistische Bauwerk in Asien. Die Mauer rund um das Heiligtum schmückt ein Fries mit 338 Elefanten.

⑥ THUPARAMA DAGOBA

Als der Mönch Mahinda im 3. Jh. v. Chr. den Buddhismus nach Sri Lanka brachte, war Anuradhapura kaum mehr als ein Dorf mit Häusern aus Holz. Doch bald entstand das erste Gebäude aus Stein, die zierliche Thuparama Dagoba – wohl das älteste buddhistische Heiligtum Sri Lankas –, die im Lauf der Jahrhunderte mehrfach ihre Form veränderte. Ob sie tatsächlich eine Reliquie, einen Splitter von Buddhas Schlüsselbein, enthält, wird wohl immer ungeklärt bleiben. Im Lauf der Jahrhunderte entwickelte sich Anuradhapura zum »Rom des buddhistischen Glaubens«.

IM VORBEIGEHEN ENTDECKT

⑦ MONDSTEIN

Sehenswert ist auch der Mondstein vor dem Mahasena-Palast. Damit ist hier nicht der schimmernde Halbedelstein gemeint, sondern eine halbrunde Steinplatte, die den Übergang von der weltlichen in die geistliche Welt markiert (→ S. 224).

MERIAN EMPFEHLUNG

⑧ KLOSTER MIHINTALE C5

Viele fahren auf dem Weg nach Anuradhapura achtlos an Mihintale vorbei. Dabei ist dieser heilige Ort nicht nur bezaubernd, sondern auch für die Buddhisten Sri Lankas von großer

Bedeutung: Er ist die **Wiege des ceylonesischen Buddhismus.** Nachdem der indische König Ashoka Buddhist geworden war, entsandte er den Mönch Mahinda mit Missionsauftrag nach Sri Lanka. In Mihintale weihte dieser den einheimischen König Devanampiya Tissa (3. Jh. v. Chr.) in die Lehre des Erleuchteten ein, die bis heute das Leben auf der Insel prägt.

In der Nähe des Parkplatzes gruben Archäologen Reste von Klostergebäuden aus. Besonders beeindruckend sind **Steinwannen,** die zu einem Mönchsspital gehörten. Auf einer breiten Freitreppe mit 1800 aus dem Fels geschlagenen Stufen steigt man aufwärts. Auf mittlerer Ebene kann man verschnaufen und Ausgrabungen von weltlichen Klostergebäuden wie einem Speisesaal mit einer riesigen Reiswanne und Dagobas aus der Frühzeit des Buddhismus erkunden, die vermutlich aus dem 1. Jh. n. Chr. stammen.

Auf der obersten Ebene erinnert eine schneeweiße Dagoba mit Reliquien Mahindas, umringt von Kokospalmen, an die Anfänge des Buddhismus in Sri Lanka. Hier befindet sich auch heute noch ein Kloster.

Wer des Kletterns noch nicht müde ist, erklimmt den **Sila-Felsen,** wo das vermeintliche Treffen zwischen König und Mönch stattfand. Der Spätnachmittag ist die schönste Zeit, den Felsen von Mihintale zu besteigen und bis zum Sonnenuntergang die Stimmung zu genießen: Es duftet nach Räucherstäbchen, und die Wunschbänder der Gläubigen flattern im Wind. Zum Juni-Vollmond ist Mihintale Ziel einer großen **Wallfahrt.**

Ca. 13 km östl. von Anuradhapura | tgl. 6–18 Uhr | Eintritt 500 Rs.

Übernachten

① *Ein stilvoller Ort für Nostalgiker*
THE SANCTUARY AT TISSAWEWA
In unmittelbarer Nähe der Ausgrabungsstätte liegt dieses herrliche restaurierte Kolonialjuwel in einem weitläufigen Park. Wunderbar sitzt man auf der Veranda am See – wie einst Elizabeth II. auf Staatsbesuch. Der altersschwache Deckenventilator rührt die tropenschwüle Luft, und bei so viel Kolonialambiente ist das Essen – ordent-

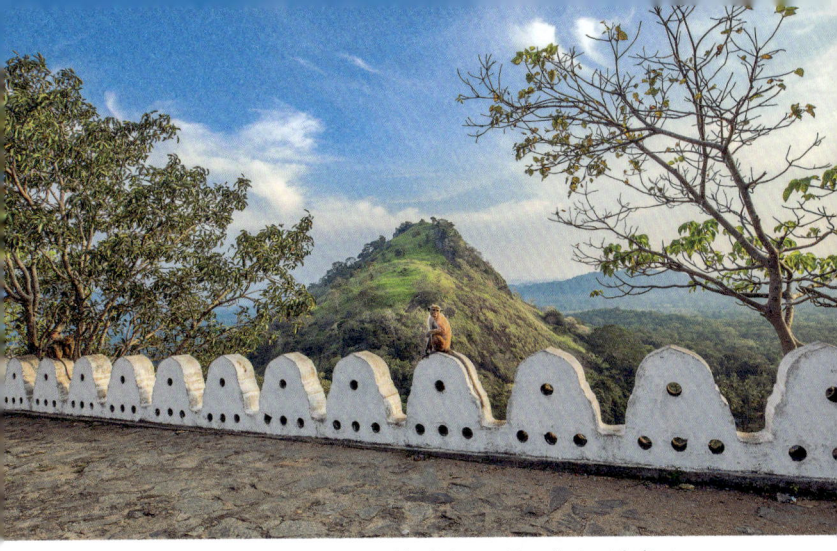

Dambulla ist vor allem wegen seiner Höhlen bekannt. Aber die Aussicht lässt es schon vermuten: In der Umgebung kann man auch schön wandern.

liches Rice & Curry oder Sandwiches – fast schon nebensächlich.
Old Puttalam Rd. | Tel. 025/2 22 22 99 | www.tissawewa.com | 18 Zimmer | €€€

② *Gartenparadies*
PALM GARDEN VILLAGE HOTEL
Die traumhafte Lage und die Atmosphäre wie in einem Dschungelbuch lässt über kleine Mängel hinwegsehen.

Die Anlage ist weitläufig und von der Lobby bis in den Park den Ruinen- und Tempelstätten nachempfunden. Die Bungalows (einige Zimmer werden derzeit restauriert), bieten direkten Zugang zum See, an dem sich auch viele Makaken und manchmal auch Elefanten treffen.
Pandulagama, Puttalam Rd. | Tel. 025/2 22 39 61 | www.palmgarden village.com | 64 Zimmer | €€€– €€€€

DAMBULLA C6

75 000 Einwohner
Die geschäftige Handelsstadt lädt zu einem Marktbummel ein, aber Besucher kommen v. a. wegen des **Höhlentempels**, der seit 1991 zum UNESCO-Welterbe zählt.

Es gibt viele Höhlentempel in Sri Lanka, aber keiner kann es mit jenen in Dambulla aufnehmen. Decken- und Wandgemälde erzählen Geschichten aus Buddhas Leben.

Sehenswertes

HÖHLENTEMPEL

Unzählige Buddhas, gemalt und gemeißelt, erzählen hier die Geschichte des Buddhismus in Sri Lanka. Die Höhlen von Dambulla stehen auf dem Programm der meisten Reisegruppen, sind aber auch nach wie vor ein Ziel der Pilger. Es kann also eng werden. Die beste Zeit für einen Besuch sind daher der frühe Morgen und der späte Nachmittag, wenn die Temperaturen angenehm sind und der Ort ohne Touristenrummel seine ganz besondere Atmosphäre entfaltet.

Doch das Paradies ist bekanntlich mühsam zu erreichen. Und so muss auch hier jeder Pilger zunächst den etwa 20-minütigen Fußmarsch bergauf bewältigen, teilweise über Felsstufen. Als Belohnung wartet ein grandioser Blick über den Dschungel – bei guter Sicht bis zum **Felsen von Sigiriya** (→ S. 159). Nicht vergessen: Das Fotografieren mit den Buddha-Figuren im Rücken ist in Dambulla strikt verboten, nachdem mehrere Touristen sogar auf den »Erleuchteten« geklettert waren, um zu posieren.

Während des Aufstiegs bleibt Zeit, sich die Historie vor Augen zu führen. Bereits vor mehr als 2000 Jahren lebten in den Höhlen Mönche. Zu Kulträumen wurden sie von König Vatta Gamani Abhaya ausgestattet, der im 1. Jh. v. Chr. bei den Mönchen Unterschlupf fand, als Tamilen ihn aus seiner Hauptstadt Anuradhapura vertrieben. Im Laufe der Jahrhunderte stifteten einige seiner Nachfolger Statuen und machten Dambulla zum beliebten Wallfahrtsziel. Zu besichtigen sind heute fünf Höhlentempel mit rund 130 Buddha-Statuen und Gemälden aus unterschiedlichen Jahrhunderten.

In der ersten Höhle meißelten Steinmetze wahrscheinlich schon in vorchristlicher Zeit einen **14 m langen liegenden Buddha** aus dem Stein. Dargestellt ist sein Eingehen ins Nirwana bzw. sein Ausscheiden aus dem ewigen Kreislauf der Wiedergeburten, zu erkennen an der Stellung seiner Füße, die leicht verschoben sind. Sein Kopf ruht auf einem Lotuskissen, zu seinen Füßen steht sein Lieblingsjünger Ananda. Zu sehen ist in der Höhle weiterhin eine Statue des Hindugottes Vishnu, dessen neunte Erscheinungsform für die Hindus Buddha ist.

Die zweite Höhle ist die größte und prächtigste. Rund **60 Buddha-Statuen** – aus dem Stein gehauen, aus Ziegelsteinen gemauert oder aus Holz geschnitzt – beeindrucken neben einem Abbild des Stifterkönigs Vattagamani Abhaya und des Hindugottes Vishnu. Die Ausleuchtung der Höhle ist spärlich, es lohnt sich, eine Taschenlampe einzupacken! Zu bewundern gibt es farbenfrohe Decken- und Wandmalereien, die Geschichten aus dem Leben Gautama Buddhas erzählen. Besonders eindrucksvoll sind die Szenen in der Nähe des Eingangs, die Buddha zeigen, kurz bevor er die Erleuchtung erlangt. Mara, der Herr des Bösen, will dies verhindern: Er lässt Pfeile auf den unter dem Bodhi-Baum Meditierenden schießen und schickt leicht bekleidete Damen, um den Mönch zu verführen. Von Buddha besiegt, stürzt er von seinem schwarzen Elefanten.

Auch die dritte Höhle beherbergt fast 60 Buddha-Statuen, mehrheitlich aus dem 18. Jh. Die beiden letzten Höhlen zeigen jüngere, aber nicht minder eindrucksvolle Werke.

Tgl. 7–18.30 Uhr | Eintritt 1500 Rs.

AUKANA BUDDHA C6

Äußerst beeindruckend und mit erhabener Ausstrahlung erhebt sich die **12 m hohe Buddha-Figur** von Aukana, die vermutlich im 5./6. Jh. n. Chr. aus der Felswand geschlagen wurde und für viele zu den schönsten des Landes zählt. Der Erleuchtete, der im Ur-Buddhismus nie als Gott, sondern als großer Lehrer verstanden wird, strahlt wahrhaft göttliche Ruhe aus und erhebt die rechte Hand als Geste der Furchtlosigkeit. Wunderschön gearbeitet ist der Faltenwurf der Robe. Schönstes Fotolicht herrscht am späten Nachmittag.

30 km nordwestl. von Dambulla | Eintritt 1500 Rs.

HABARANA C6

7500 Einwohner

Habarana ist weniger eine gewachsene Ortschaft als ein Verkehrsknotenpunkt mit einigen attraktiven Unterkünften, die sich gut als Ausgangspunkte für die Erkundung des Kulturdreiecks eignen.

Übernachten

Schnäppchenalarm!
HABARANA VILLAGE BY CINNAMON

Der Zimmerstandard ist etwas niedriger als in der Cinnamon Lodge in der Nachbarschaft, dafür erwischt man hier (auf der Website) schon mal ein echtes Schnäppchen. Die Lage inmitten einer weiten Gartenanlage mit Pool ist nicht minder grandios, ebenso der Entspannungsfaktor. Safaris in die nahen Nationalparks, Fischzüge mit einheimischen Fischern und mehr werden organisiert.

Tel. 011/2 03 66 00 | www.cinnamon hotels.com | 106 Zimmer | €€

Bio und mit viel Geschmack
CINNAMON LODGE HABARANA

Affen turnen durch die Bäume, aber auch Mungos, Flughunde und unzählige Vögel bevölkern den riesigen Park mit See, in den die Hotelanlage eingebettet ist. In dem Open-Air-Restaurant verwöhnen ausladende Büfetts

Seit rund 1500 Jahren grüßt der Aukana Buddha, der einst aus der Granitwand herausgearbeitet wurde. Die Statue strahlt eine ganz besondere Ruhe aus.

mit Köstlichkeiten aus Ost und West. Nouvelle Cuisine à la Sri Lanka wird à la carte im The Lotus serviert, Sri Lankas erstem Restaurant mit Bioküche. Die Zimmer verteilen sich auf doppelstöckige Häuser mit Balkonen oder Terrassen, sind geschmackvoll eingerichtet und bestens in Schuss. Zur Entspannung nach den Besichtigungen laden ein riesiger Pool und ein Spa ein. Ein umfangreiches Aktivprogramm mit Nature Walks, Bird Watching und auch Elefantensafaris sorgt schließlich dafür, dass garantiert keine Langeweile aufkommt.
Tel. 011/2 30 66 00 | www. cinnamonhotels.com | 133 Zimmer | €€€

Ein Paradies für echte Naturliebhaber
THE OTHER CORNER (TOC)

Die rustikalen Stelzen-Bungalows und »Baumhäuser« dieser Öko-Lodge verteilen sich im Dschungel, und auf den Terrassen kann man wunderbar entspannen, Vögel beobachten und den Affen beim Spielen zusehen, manchmal auf dem eigenen Palmblattdach. Die Zimmer sind schlicht, aber geräumig und komfortabel, ein Pool sorgt für Erfrischung. Ausflüge werden organisiert. So viel nahe Natur, inklusive Geckos und anderem Getier, muss man jedoch mögen.
Tel. 066/4 92 98 92 | www.toc srilanka.com | 40 Zimmer | €€

Wer im Dschungel übernachtet, wie etwa in den Bungalows von The Other Corner (s. S. 157), bekommt manchmal unerwarteten Besuch.

Essen und Trinken

Bestes Curry zu sagenhaftem Preis
ACME GRAND HOTEL

Das Hotel ist zum Übernachten nicht unbedingt eine Empfehlung, und die Atmosphäre im großen Speisesaal ist angesichts der vielen Reisegruppen auch wenig anheimelnd. Dafür ist das Rice & Curry-Büfett großartig, v. a. die vegetarischen Varianten: Bananenblütencurry, Rote-Bete-Curry oder Bittergurkencurry findet man schließlich auf kaum einem Hotelbüfett. Der Preis fürs gesamte Büfett ist nicht die Rede wert, à la carte (€€) lohnt sich dagegen nicht.

90, Polonnaruwa Rd. | Tel. 066/ 2 27 02 80 | www.acmegrandhotel. com | €–€€

Wellness

Dem Nirwana einen Schritt näherkommen
THRIMAL AYURVEDIC TREATMENT CENTER

Eine ayurvedische Massage zählt zu den Dingen, die zu einem Sri-Lanka-Besuch einfach dazugehören. Das geschmackvoll eingerichtete Ayurveda Center bietet erstklassige Massagen, Dampfbäder und Shirodara-Stirngüsse, die preislich deutlich unter jenen in den Wellnesshotels liegen. Mit Abholservice!

Dambulla Rd. | Tel. 077/2 35 38 20

MERIAN TOP 10

SIGIRIYA C6

Fast 200 m hoch ragt der Monolith Sigiriya aus der Ebene auf – schon von der Ferne ein faszinierender Anblick. Der Name leitet sich von *siha giri* ab, was **Löwenfelsen** bedeutet. Auf schmalen Treppen kann man ihn bezwingen und bis hoch oben zum Plateau steigen, auf dem im Jahr 473 Kassapa, der uneheliche Sohn König Dhatusenas, seine Festung errichtete. Um die Macht über das Reich an sich zu reißen, ließ er seinen Vater lebendig einmauern und vertrieb seinen Halbbruder, den rechtmäßigen Thronerben. Sage und schreibe 18 Jahre lang verschanzte er sich in der Feste auf dem Felsen, bis ihn der Bruder herausforderte. Ob Kassapa sich vom Fels in die Tiefe stürzte oder anders zu Tode kam, wird wohl immer Gegenstand von Spekulationen bleiben.

Um den Felsen herum entstand zur Regierungszeit Kassapas eine Stadt mit Zitadelle und **königlichen Gärten.** Letztere wurden teilweise restauriert, und man passiert sie auf dem Weg zum Haupteingang. Für die Besichtigung sollte man insgesamt 2–3 Stunden einplanen, je nach eigener Kondition und Andrang auf der Treppe.

Auf Stufen zwischen Felsblöcken und eisernen Stegen geht es stetig bergauf. Nach schweißtreibendem Aufstieg ist zuerst ein Plateau erreicht, wo man pausieren kann. Der restliche Weg zum Gipfel beginnt am Löwentor, von dem heute nur noch die gewaltigen steinernen Pranken erhalten sind. Auch die Felsfestung ist längst verfallen, doch der Weitblick auf die Dschungellandschaft entschädigt für alle Mühen des Aufstiegs.

Den zweiten Höhepunkt Sigiriyas sollte man sich für den Abstieg aufheben: die »**Wolkenmädchen**« – verführerische Schönheiten, die unbekannte Künstler in eine Felsnische malten und die die Besucher bis heute bezirzen. Die Fresken der barbusigen jungen Frauen mit Modelfigur – 22 von einst wohl 500 blieben erhalten – geben bis heute Rätsel auf. Wurden hier himmlische Nymphen, Prinzessinnen oder gar Dienerinnen porträtiert? Sicher ist jedoch, dass schon in alter Zeit Besucher ihre Schönheit rühmten, was Felsgraffitis auf der spiegelglatt polierten Wand beweisen. Das Fotografieren der Wolkenmädchen ist strikt verboten!

Wer den Felsen entspannt und ohne Gedränge besichtigen möchte, sollte möglichst früh kommen, bevor die Scharen der Gruppenreisenden gegen 8.30 Uhr eintreffen und man unter Umständen stundenlang auf den Treppen in der Hitze warten muss. Es versteht sich von selbst, dass auf einer steilen Treppe Miniröcke und Hot Pants unpassend sind.

20 km nordöstl. von Dambulla | tgl. 7.30–18 Uhr | Eintritt 30 US$, Kinder 15 US$ |

Übernachten

Mit Blick auf den Felsen
SIGIRIYA VILLAGE HOTEL

Das alteingesessene Haus ist immer noch gut in Schuss. Zwar könnten viele der Zimmer ein frisches Styling vertragen, aber der schöne Park, der Pool mit Blick auf den Felsen und das hervorragende Preis-Leistungs-Verhältnis machen das Sigiriya Village Hotel zu einer ausgezeichneten Wahl.

Hotel Rd. | Tel. 066/2 28 68 03 | www.colomboforthotels.com/ sigiriya-village | 120 Zimmer | €€

Für besondere Momente zu zweit
VIL UYANA

Über den umliegenden Reisfeldern und einem künstlichen See scheinen die luxuriösen Cabanas mit mehreren Ebenen und Plunge-Pool förmlich zu schweben. Ein Platz, um Stille und Natur zu genießen. Im Spa streicheln geschickte Hände den Stress

Es gibt kaum Schatten. Für Touristen gilt: Wer den Sigiriya besteigen möchte, sollte das mit Kopfbedeckung und Wasservorrat tun.

Ein ökologisches und soziales Musterprojekt: Das Kandalama ist das nachhaltige Vermächtnis von Geoffrey Bawa, dem berühmtesten sri-lankischen Architekten.

aus dem Körper, und nachts quaken Frösche die Gäste in den Schlaf. Ein rundum traumhafter Ort.

Rangirigama (6 km östl. von Sigiriya) | Tel. 066/2 20 60 00 | www. jetwinghotels.com | 36 Zimmer | €€€€

11 MERIAN EMPFEHLUNG

Wo die Fledermäuse durch die Lobby zischen
HERITANCE KANDALAMA

Das Kandalama war ein Wegbereiter des sri-lankischen Ökotourismus und gilt zudem als Stilikone. Geoffrey Bawa schuf damit Anfang der 1990er-Jahre sein Meisterstück mitten im Dschungel: ein Luxushotel mit 150 Zimmern, welches das empfindliche Ökosystem nicht zerstörte, sondern mit seinem Stahlbeton schließlich selbst ein grün überwachsener Teil seiner natürlichen Umwelt wurde. Die Liste der Auszeichnungen ist endlos.

Zum grünen Top-Hotel gehört eine grüne Philosophie, in der Energiesparmaßnahmen, Aufbereitung von Ressourcen und Sozialverträglichkeit festgeschrieben sind. So wurden durch den Hotelbau 750 Familien ans Stromnetz angeschlossen, mehr als 600 Familien bekamen Zugang zu sauberem Trinkwasser, und weit über 200 Menschen aus der Umgebung erhielten dauerhafte Arbeitsplätze. Andere beliefern das Heritance Kandalama mit Lebensmitteln und gestalten das Kulturprogramm. Da die

Umgebung des Hotels, wo alleine 145 verschiedene Vogelarten leben, per pedes, auf dem Rücken eines Pferdes oder im Boot erkundet werden will, lohnt es sich, etwas mehr Zeit einzuplanen.

Ca. 11 km südöstl. von Sigiriya | Tel. 066/5 55 50 00 | www. heritancehotels.com/kandalama | 152 Zimmer | €€€€

MERIAN TOP 10

POLONNARUWA D6

100 000 Einwohner

Nach der Zerstörung Anuradhapuras durch Tamilen verlegte König Vijaya Bahu seine Hauptstadt in den Osten des Landes. Ihre Blütezeit erlebte die Stadt unter seinem Nachfolger Parakrama Bahu. Doch immer wieder kam es zu tamilischen Übergriffen, und 1314 wurde die Hauptstadt aufgegeben. Ähnlich wie Anuradhapura fiel Polonnaruwa in einen Dornröschenschlaf und wurde erst im 19. Jh. von britischen Archäologen wiederbelebt.

Reisegruppen besuchen Polonnaruwa meist im Rahmen eines Halbtagsausflugs von Sigiriya oder Habarana aus. Es lohnt sich aber, zwei Nächte in Polonnaruwa zu verbringen, um die **Ausgrabungsstätte** und die Landschaft ringsum entspannt zu genießen.

Viele Hotels liegen im Bereich des Stausees **Parakrama Samudra,** der während der Regierungszeit von König Parakrama Bahu I. (1153–1186) ausgehoben wurde und bis heute die Reisfelder der Umgebung mit Wasser versorgt. Der König war ein Visionär, der das Bewässerungssystem der alten Könige weiter ausbaute und seinem Staat auf diese Weise zu Wohlstand verhalf. Der See ist ein wunderbarer Ort, um Morgen- und Abendstimmungen zu erleben.

Sehenswertes

ARCHÄOLOGISCHER PARK

Für die Besichtigung des Parks sollte man mindestens einen halben Tag einplanen – am schönsten ist die Erkundung mit dem Fahrrad (→ S. 202).

Etwas abseits vom eigentlichen Ausgrabungsgelände erhebt sich die Monumentalstatue eines bärtigen Mannes mit freiem Oberkörper und einem Joch in Händen. Wahrscheinlich handelt es sich um ein Porträt von König Parakrama Bahu, und wahrscheinlich ist es kein Zufall, dass sein Blick auf sein Werk, den Stausee nebenan, fällt. Die Ziegelruine nebenan gehörte zum Kloster Potgul Vihara. Möglicherweise beherbergte der kreisrunde Bau eine Bibliothek, in der heilige Palmblattmanuskripte gehütet wurden.

Im **Archäologischen Museum** am See (tgl. 7–17.30 Uhr, nur hier Ticketverkauf!), das man vor der weiteren Besichtigung besuchen sollte, zeigen hölzerne Modelle einige Gebäude sehr anschaulich in ihrem ursprünglichen Zustand. Statuen und Reliefs aus Palästen und Klöstern zeugen von der hohen Kunstfertigkeit der Steinmetze.

Innerhalb der Mauer der mittelalterlichen Stadt liegen die Überreste des **Palasts von Parakrama Bahu I.** – für die damalige Zeit ein gewaltiger Bau mit mehreren Stockwerken, der wohl von einem massiven Mauerring umgeben war. Nebenan in der Ratshalle, einer offenen Säulenhalle, wurden die Geschicke des Staates diskutiert und Entscheidungen getroffen. Bis heute beeindrucken Friese mit Elefanten, Löwen und Fabelwesen, die sich um den Sockel ziehen. Eine Kopie des Königsthrons in Löwenform steht heute an der Stelle des Originals, das sich im Nationalmuseum in Colombo befindet. Ein einst wohl überdachter Weg führt zu Badebassins, die ihr Wasser über ein Kanalsystem vom Stausee bezogen.

Nördlich der Residenz liegt auf einer ummauerten Terrasse das »heilige Viereck«. Dominantes Gebäude ist der runde **Vatadage,** ein Reliquienhaus, das man über einen halbkreisförmigen Mondstein betritt, der schön gearbeitet ist, aber nicht

Die meisten Ruinen im Archäologischen Park von Polonnaruwa, seit 1982 UNESCO-Weltkulturerbe, stammen aus der Regierungszeit Parakrama Bahus.

mehr der Symbolik der Mondsteine von Anuradhapura folgt (möglicherweise hatten sie zu dieser Zeit nur noch eine Schmuckfunktion). Im Zentrum des Baus gruppieren sich um eine Dagoba vier Buddha-Statuen in Meditationshaltung. Gleich zwei Zahntempel gibt es im heiligen Bezirk. Die wichtigste Reliquie des Landes, der Eckzahn Buddha, wurde zunächst im Atadage, später im benachbarten Hatadage aufbewahrt, bevor er in den **Sri Dalada Maligawa (Zahntempel)** (→ S. 119) nach Kandy gebracht wurde. Bemerkenswert ist ein überdimensionales, 8 m langes Palmblatt-Manuskript aus Stein. Das einzige Bauwerk, das noch teilweise überdacht ist, ist das Statuenhaus Thuparama – vermutlich das erste buddhistische Bauwerk, das in Polonnaruwa errichtet wurde.

Im größten Klosterkomplex der Stadt ragt die Ziegelruine des Statuenhauses **Lankatilaka** (»Juwel Lankas«) beeindruckende 16 m hoch auf. Im Innenraum fühlt man sich an das Schiff einer christlichen Kathedrale erinnert, aber der Schmuck

Klein fühlt man sich neben den Buddha-Statuen von Gal Vihara. Gläubige Buddhisten und kunstinteressierte Touristen pilgern zu diesem Ort.

ist ganz und gar indisch. Sehenswert: die Wächterstelen und hinduistische Fresken. An die einstige Funktion des Bauwerks erinnert nur noch ein riesiger Buddha-Torso. **Kiri Vihara,** die milchweiße Dagoba, wurde einst mit Muschelkalk verputzt und beeindruckt auch nach Jahrhunderten durch ihre Eleganz.

Den Höhepunkt sollte man sich für den Schluss aufheben: **Gal Vihara.** Das Ensemble aus vier Buddha-Statuen in voller Harmonie und vollkommener Schönheit meißelten kunstfertige Steinmetze im 12. Jh. aus dem harten Granit. Sie zählen zu den Meisterwerken buddhistischer Kunst. Neben zwei meditierenden Buddhas erhebt sich eine 7 m hohe, stehende Figur mit lässig verschränkten Armen – eine Haltung, die in der buddhistischen Kunst ohne Vorbild ist. Ob es sich um eine Darstellung Buddhas oder seines Lieblingsjüngers Ananda handelt, ist umstritten. Ganz rechts schließlich beeindruckt der 14 m lange liegende Buddha, der den Erleuchteten beim Eingang ins Nirwana zeigt.

Gal Vihara ist ohne Frage ein ganz besonderer Ort, dessen fast schon magische Faszination sich besonders jenen cleveren Frühaufstehern erschließt, die vor den Reisegruppen eintreffen. Ein Guide lohnt sich, da die Ruinenstätte weitläufig ist und es nicht viele Informationen gibt.

Tgl. 7–17.30 Uhr | Eintritt 25 US$, Kinder (6–12 J.) 12,50 US$

Übernachten

Romantische Lage mit historischem Flair
EKHO LAKE HOUSE

Mit dem nötigen Kleingeld lässt es sich herrlich in dem Boutiquehotel am See ausspannen, etwa in der Honeymoon Suite – so wie einst 1954 Queen Elizabeth II. – im damals noch originalen Polonnaruwa Resthouse. Die Preise sind allerdings nicht mehr dieselben wie damals, schade eigentlich.

Pothgul Mawatham (am See, nicht zu verwechseln mit dem Lake Hotel!) | Tel. 011/5 58 58 58, | www.ekhohotels.com | 13 Zimmer | €€€€

Luxus zum Schnäppchenpreis
SUDU ARALIYA

Was für eine tolle Lage mit Pool am See, hier kann man mit einem eisklimpernden Sundowner in der Hand den Sonnenuntergang kaum erwarten. Radtouren durch den Archäologischen Park können über das Sudu Araliya ebenso gebucht werden wie Elefantensafaris. Manchmal gucken die grauen Dickhäuter aber auch gleich hier am Seeufer vorbei.

New Town | Tel. 027/2 22 54 06 | www.hotelsuduaraliya.com | 104 Zimmer | €€–€€€€

Viel fürs Geld
SIYANCO HOLIDAY RESORT

Angenehme Zimmer und freundliche Atmosphäre zwischen See und Ausgrabungsstätte. Für Erfrischung sorgt ein Pool. Das alles zu einem attraktiven Preis.

1st Canal Rd. | Tel. 027/2 22 68 68 | www.siyancoholidayresort.com | 32 Zimmer | €

GIRITALE D6

Rund um den See Giritale Wewa liegt ein **Naturschutzgebiet,** das man mit dem Fahrrad entdecken kann. Giritale ist auch eine gute Ausgangsbasis für die Erkundung von Polonnaruwa.

Ein im 3. Jh. angelegter künstlicher See ist der Grund, warum in der Trockenperiode viele Elefanten in den Minneriya-Nationalpark kommen.

Übernachten

Im Grünen mit Traumpanorama
GIRITALE HOTEL
Das Hotel besticht durch die spektakuläre Aussicht über den See, die man sogar vom Pool aus hat. Eindrucksvolle Sonnenuntergänge und vielfältiges Ausflugsprogramm.
Giritale Rd., Elahera | Tel. 027/2 24 63 11 | www.giritalehotel.com | 42 Zimmer | €€

Duschen unterm Sternenhimmel
THE DEER PARK
In Seenähe und mitten in der Natur – das elegante Hotel ist ein luxuriöser Ausgangspunkt für die Erkundung Polonnaruwas und der Nationalparks in der Umgebung. The Deer Park verfügt über großzügige Cottages mit stylishen Open-Air-Badezimmern. Der Besucher kann im Spa relaxen, auf Dschungelsafaris gehen oder sogar im Heißluftballon über dem Dschungel schweben – Langeweile kommt bestimmt nicht auf. Besonders romantisch speist man hoch oben in den Bäumen im Restaurant Tree Tops.
Tel. 027/7 77 77 77 | www.deer parksrilanka.com | 80 Zimmer und Cottages | €€€€

MINNERIYA-NATIONALPARK D6

Am und im See Minneriya Wewa tummeln sich Wasservögel, Wildelefanten und Sambarhirsche. Besonders in der Trockenzeit von Juni bis Oktober finden sich ebenfalls zahlreiche Elefanten ein, da es hier noch genügend Wasser gibt.

20 km nordwestl. von Polonnaruwa | tgl. 6–18 Uhr | Eintritt 15 US$, Kinder 8 US$ (zzgl. Gebühren)

KAUDULLA-NATIONALPARK D5

Sri Lankas jüngster, erst 2002 eröffneter Nationalpark rund um den Kaudulla Wewa beherbergt viele Vogel- und Säugetierarten. Hier leben rund 300 Dickhäuter – leider nicht selten umzingelt von ebenso vielen Jeeps mitsamt Abgasen und Lärm. Es kann passieren, dass Bullen oder v.a. Muttertiere dabei in Stress geraten und die Jeeps angreifen. Wahre Tierliebhaber verzichten auf dieses Spektakel.

25 km nordöstl. von Polonnaruwa | tgl. 6–18 Uhr | Eintritt 15 US$, Kinder 8 US$

MERIAN EMPFEHLUNG

ABGELEGENE RUINEN DURCH-STREIFEN

Es müssen nicht immer nur die viel besuchten weltberühmten Tempelstätten sein! Oft nur ein wenig abseits der Hauptrouten findet man versteckte Juwelen und hat die Heiligtümer ganz für sich allein – mitsamt ihrer mystischen Atmosphäre mitten im Dschungel. Die **Buddhas von Maligawila** (bei Buttala), der **Aukana Buddha** (westl. von Habarana, → S. 156), die **Felsenfestung Yapahuwa** (etwas weiter südwestl.) oder das **Waldkloster Arankele** (bei Kurunegala) gehören dazu. Auch die Insel erlebt neuerdings »Overtourism«: zu viele Besucher auf einen Schlag zur selben Zeit am selben Ort. Gedränge und Geschiebe im Tempel statt Ruhe und Besinnung. Versuchen Sie es mal abseits der Trampelpfade.

JAFFNA-HALBINSEL UND DIE OSTKÜSTE

Die tamilische Jaffna-Halbinsel, der flache Landstrich im Norden Sri Lankas, wartet noch weitgehend auf ihre touristische Wiederauferstehung. Und auch an den weißen Puderzuckerstränden des Ostens gibt es noch viel Platz für die Sonnenanbeter und Wassersportfans.

Landschaftlich haben die trockenen Ebenen des Nordens wenig mit dem tropischen Süden des Landes gemein, und auch kulturell trennen die beiden Inselhälften Welten. In Jaffna und den umliegenden Ortschaften setzen die hohen Türme **bunter Hindutempel,** aber auch Kirchtürme, statt schneeweißer buddhistischer Dagobas die Akzente. Im Norden Sri Lankas leben fast ausschließlich **Tamilen**, und hier tobte bis Mai 2009 der Krieg, dessen Wunden nur langsam verheilen.

Noch ist die Hauptstadt der Nordprovinz, die vor dem Krieg mit rund 120 000 Einwohnern die zweitgrößte Stadt des Landes war, vom Bürgerkrieg gezeichnet. Viele der einst prächtigen Kolonialgebäude werden von der Vegetation überwuchert, von anderen blättert der Putz. Eine touristische Infrastruktur beginnt sich erst langsam zu entwickeln, die Gegend ist zudem nicht unbedingt mit Top-Attraktionen gesegnet. Doch wer den Bus, den Cessna-Flieger oder den Zug nach Norden nimmt, erlebt abseits der Touristenpfade einen authentischen Alltag auf Märkten, in den Tempeln und Kirchen. Die zumeist tamilischen Hindus nehmen Besucher freundlich und neugierig auf.

Ein kurzer Blick zurück: Die Hauptstadt des unabhängigen tamilischen Königreichs Jaffna wurde von den Kolonialmächten erobert und ausgebaut – zuerst Portugal, dann die Nieder-

Eine Radfahrerin vor dem Nallur Kandaswamy Kovil, einem der wichtigsten Hindutempel des Landes. Teile wurden nach dem Bürgerkrieg neu errichtet.

lande und schließlich Großbritannien. Nach der Unabhängigkeit war Jaffna das Zentrum des tamilischen Widerstands gegen die Regierung in Colombo, die Singhalesen klar bevorzugte und damit den Konflikt zwischen den Bevölkerungsgruppen schürte.

Viele Tamilen aus anderen Landesteilen flohen vor den Pogromen nach Jaffna, bis die Stadt selbst Schauplatz von Kriegshandlungen war. Fast 100 000 kostbare Palmblattmanuskripte verbrannten in der berühmten **Bibliothek,** die 2004 wiedereröffnet wurde. Auch das sternförmige **Fort** – die zweitgrößte Festung der Insel – wurde schwer beschädigt.

Der Osten der Insel präsentiert sich tropengrün – grün wie die fruchtbaren Reisfelder und die Kokosplantagen entlang der Küste. Leben im Nordosten rund um Trincomalee mehrheitlich hinduistische Tamilen, hört man weiter südlich immer häufiger den Ruf des Muezzins. Der **Lebensrhythmus** ist überall noch sehr entspannt: Zeburinder, Wasserbüffel und Ziegen überqueren im Zeitlupentempo die Straße, und das dezente

Klingeln der Fahrräder ist noch allgegenwärtiger als das Hupen von Autos oder Motorrädern. Doch seit der Bürgerkrieg vorüber ist, hat die Geschichte gehörig an Tempo zugelegt. Auch in dieser Gegend herrscht die Hoffnung auf den Aufschwung, der nach vielen düsteren Kriegsjahren endlich anzukommen scheint.

JAFFNA A1

90 000 Einwohner

Sehenswertes

NALLUR KANDASWAMY KOVIL

Im größten **Hindutempel** Sri Lankas verehren Gläubige seit mehr als 1000 Jahren den Kriegsgott Skanda. Die Singhalesen und später die Portugiesen brannten den Tempel bis auf die Grundmauern nieder, in seiner heutigen Form stammt er aus der Mitte des 18. Jh. Nach südindischer Tempelbautradition bekrönt ein Torturm *(gopuram)* den Eingang. Der Neubau des Turms aus dem Jahr 2011 ist anders als die meisten *gopurams* nicht bunt, sondern terrakottafarben.

Besonders stimmungsvoll ist ein Besuch zum vierwöchigen Nallur-Fest mit feierlicher Prozession im Juli/August.

Temple Rd./Point Pedro Rd. | www.nalluran.com | tgl. 4.30–18 Uhr

HOLLÄNDISCHES FORT

Das sternförmige Fort wurde zwischen dem späten 17. und späten 18. Jh. errichtet und galt mit seinen massiven Wallmauern als bestes Beispiel niederländischer **Militärarchitektur** in Sri Lanka. Während des Bürgerkriegs wurde es stark in Mitleidenschaft gezogen. Momentan wird das Fort restauriert, und mit holländischer Unterstützung soll die Kirche rekonstruiert werden. Bis auf Wassergräben, einige Bogentreppen und Torbögen sowie eine kleine archäologische Ausstellung gibt es nicht wirklich viel zu sehen.

Südl. des Stadtzentrums | tgl. 8–18 Uhr | Eintritt frei

Ein tamilischer Hindu-Priester in einem Tempelwagen im Nallur Kandaswamy Kovil. Die Hindus feiern hier im August das große Vel-Fest (s. S. 47).

NEDUNTHEEVU UND NAINATIVU A1/2

Südwestlich von Jaffna liegen mehrere Inseln, die keine großen Sehenswürdigkeiten, aber viel ländlichen Charme bieten und an Wochenenden viele einheimische Ausflügler anziehen. Auf **Neduntheevu** (Delft Island, Fähre: 1 Std.) locken neben einigen Kolonialgebäuden wie dem Fort aus portugiesischer Zeit im Nordosten v. a. die wild lebenden Ponys.

Nainativu, die »Insel der Naga-Schlangen«, ist ein buddhistischer Pilgerort. Hier soll sich der Legende nach Buddha während seines zweiten Besuchs auf Sri Lanka aufgehalten haben. Daran erinnert ein Tempel, der **Nagadeepa Purana Rajamaha.** Außerdem lohnt der hinduistische **Nainativu Nagapooshani Amman Tempel** einen Besuch, der der Schutzgottheit der Fischer und jungen Eltern geweiht ist und einen äußerst fotogenen *goporam*-Turm besitzt. Für die Fährüberfahrten (30–60 Min.) auf den klapprigen Kähnen sollte man eine gehörige Portion Abenteuerlust mitbringen.

Beide Inseln sind per Boot ab Kurikadduwan, 30 km westl. von Jaffna, erreichbar

Übernachten

Beste Herberge vor Ort mit guten Geistern
NORTH GATE BY JETWING
Wer auf Stil und Komfort Wert legt, steigt hier ab. Minimalistisch-dezenter Schick in 44 Balkonzimmern (laut zur Bahnhofsseite!). Ein Plus: die vielen zuvorkommenden guten Geister. Hier fühlt man sich bestens aufgehoben und umsorgt, ohne dass es aufdringlich wirkt.
136 Station Rd. (auch: Martin Rd.) | Tel. 021/2 03 05 00 | www.jetwing hotels.com | 44 Zimmer | €€€

Nah am Tempel
JAFFNA HERITAGE
Komfortable Wlan-Zimmer, Garten mit kleinem Pool und gutes vegetarisches Restaurant.
Temple Rd. (nicht zu verwechseln mit Jaffna Heritage Bungalows!) | Tel. 021/2 22 24 24 | www.jaffna-heritage-hotel-jaffna-sri-lanka-en. ww.lk | 10 Zimmer | €€

Essen und Trinken

Authentische Jaffna-Küche
MALAYAN CAFÉ
Gegenüber vom Markt werden Snacks und vegetarische Hauptgerichte, die stark an südindische Klassiker erinnern, traditionell auf dem Bananenblatt serviert – beispielsweise *masala dosai* (crêpeartige Pfannkuchen) mitsamt Chutneys und Sambar – und wenn man kann und will: mit der rechten (!) Hand verspeist (sonst gibt es natürlich auch eine Plastikgabel dazu).
36–38 Grand Bazaar | €

Volkstümlich
MANGOS
Serviert wird eine ausgezeichnete, indisch-vegetarische Küche in einem einfachen Lokal in Tempelnähe: Man speist auch hier *masala dosai* und authentisch-scharfe Currys.
Nallur, 359/3 Temple Rd. | €

MANNAR ISLAND A3

Die küstennahe Insel Mannar ragt weit in die Palkstraße hinein, sie ist nur rund 30 km von der Küste des großen Nachbarn Indien entfernt. Bis 1983 legte hier die Fähre aus Indien an. An

Am Stadtstrand von Trincomalee sollte man keinesfalls zum Schwimmen ins Wasser. Die Strömungen sind lebensgefährlich.

den von Palmyrapalmen gesäumten Stränden schaukeln bunte Fischerboote, das Tempo ist sehr entspannt. Eine botanische Besonderheit sind einige **Baobab,** afrikanische Affenbrotbäume, die wohl arabische Händler importierten. Kirchen und Moscheen prägen das Bild, und eine sternförmige **Festung** erinnert an die Ära der Portugiesen.

IM VORBEIGEHEN ENTDECKT

KIRCHE VON MADHU

Auf dem Festland, auf dem Weg nach Jaffna, liegt die Kirche von Madhu gut versteckt im Dschungel – eine der ältesten katholischen Kirchen, die zahlreiche Pilger anzieht. Die Statue der Jungfrau von Madhu soll Gläubige vor Schlangenbissen schützen.

TRINCOMALEE E4

130 000 Einwohner

Trinco, wie die Hauptstadt der Ostprovinz auch liebevoll genannt wird, wird nie einen Schönheitspreis gewinnen, aber ihre Lage ist höchst attraktiv. Die Innenstadt drängt sich auf

Kilometerlange Sandstrände findet man am Nilaveli Beach bei Trincomalee. Davor liegt die kleine Pigeon Island (s. S. 179), zu der man nur mit einem Boot kommt.

einer schmalen Landzunge, davor liegen Strände und einer der größten natürlichen Häfen der Welt, der heute allerdings keine wirtschaftliche Bedeutung mehr hat.

Anders in der Vergangenheit. Wegen des Hafens stand die hauptsächlich von Tamilen bewohnte Stadt schon früh im Fokus der Kolonialmächte. Bereits zu Beginn des 17. Jh. errichteten die Portugiesen ein Fort und zerstörten den **Tempel der Tausend Säulen,** einen der größten Hindutempel der Insel. Im Laufe der nächsten 150 Jahre stritten sich Portugiesen, Niederländer, Franzosen und Briten um die Hafenstadt, bis 1782 die Briten triumphierten. Im Zweiten Weltkrieg erlangte der Hafen für die Briten auch militärische Bedeutung, 1942 wurde Trincomalee als einzige Stadt Sri Lankas von der japanischen Luftwaffe angegriffen.

Mit dem Ausbruch des Bürgerkriegs 1983 kam es immer wieder zu militärischen Auseinandersetzungen zwischen den Liberation Tigers of Tamil Eelam und der sri-lankischen Armee. Seit Kriegsende 2009 ist Trincomalee wieder eine bunte, quirlige Handelsstadt, und an den traumhaft schönen Stränden der Umgebung blüht der Tourismus langam wieder auf.

Sehenswertes

DUTCH BAY

Das Baden am schönen Stadtstrand ist wegen der starken Strömungen lebensgefährlich. Unbedingt empfehlenswert ist ein Spaziergang zum Sonnenuntergang, wenn sich einheimische Familien hier zum Plaudern und Picknicken einfinden, um Drachen steigen zu lassen, und Kinder beim Eismann Schlange stehen.

Fort Frederick Rd.

FORT FREDERICK

Das Fort, im 17. Jh. von Portugiesen erbaut, wird heute v. a. militärisch genutzt. Devotionalien- und Süßigkeitenstände säumen den Weg weiter zum Tempel.

Halbinsel zwischen Dutch Bay und Black Bay

MERIAN EMPFEHLUNG **13**

SWAMI ROCK UND TIRUKONESWARAM KOVIL (KONESWARAM-TEMPEL)

Im hinteren Teil des Forts beeindruckt der Swami Rock, ein Fels, dessen Klippen steil ins Meer abfallen. Bekannt ist er auch als Lover's Leap, denn eine liebeskranke Holländerin stürzte sich gegen Ende des 17. Jh. von hoch oben in die Fluten. Glücklicherweise wurde sie gerettet, und heute schwört sich hier manch junges Paar ewige Liebe.

Auf der Spitze des Felsens thront der Hindutempel **Koneswaram,** der in seiner heutigen Form erst in den 1960er-Jahren auf den Grundmauern des Tempels der Tausend Säulen errichtet wurde, den die Portugiesen 1622 zerstört hatten. Er zählt zu den wichtigsten Hinduheiligtümern Sri Lankas. Hier verehren die Gläubigen den Shiva-Lingam, ein Symbol Lord Shivas in Gestalt eines Phallus, der noch aus dem ursprünglichen Tempel stammt. Wer zu einer der täglichen Puja-Zeremonien kommt, erlebt die tiefe Religiosität (und die Rituale) der Tamilen hautnah mit, beispielsweise wenn die Paare für ihren Kinderwunsch Öllämpchen anzünden und kleine hölzerne Kinderbettmodelle in einen Baum hängen.

Halbinsel zwischen Dutch Bay und Black Bay | tgl. 7–11, 16–18 Uhr (Puja-Zeremonien um 7, 11, 16 und 18 Uhr)

KANNIYA (HEISSE QUELLEN)

Die Legende erzählt, dass Rama, der Held des Hinduepos »Ramayana«, hier seine Gattin aus den Fängen des bösen Dämonenherrschers Rawana befreite. Aus Wut rammte Rawana seinen Spieß siebenmal in die Erde. Seitdem sprudeln hier sieben heiße Quellen, denen Heilkräfte zugesprochen werden. In den ummauerten Pools kann man zusammen mit den Pilgern – natürlich züchtig gekleidet – baden. Der Besuch lohnt v. a. an Wochenenden und Feiertagen, dann ist das Bad in der Menge ein einzigartiges Erlebnis. Am Wochenende wird zudem ein Markt abgehalten.

8 km nordwestl. von Trincomalee | tgl. 7–18 Uhr | geringer Eintritt

Essen und Trinken

Terrasse am Wasser
WELCOMBE HOTEL
Das solide Mittelklassehotel (€) serviert gute Ost-West-Küche, und auf der luftigen Terrasse sitzt man v. a. abends sehr angenehm mit einer tollen Aussicht.

66, Orr's Hill | Tel. 026/2 22 23 73 | €€

UPPUVELI BEACH E4

Aus dem Dornröschenschlaf erwacht, wie so viele Strände an der Ostküste seit dem Ende des Bürgerkriegs: der Uppuveli Beach. Der Hausstrand von Trinco ist breit, weißsandig und (noch) erstaunlich wenig erschlossen. Es geht sehr flach ins Meer, deshalb ist Uppuveli ein richtiges **Familienparadies** – ideal für lange Strandspaziergänge, zum Schwimmen, Schnorcheln und Tauchen. Viele starten von hier auch zu Walbeobachtungstouren. Oder – früh aufstehen – man schaut einfach den Fischern über die Schulter, die hier noch ihrem immer weniger einträglichen Geschäft nachgehen.

Übernachten/Essen und Trinken

Elegant und traditionsreich

TRINCO BLU BY CINNAMON

Nach einem Facelift im Retro-Chic erstrahlt der traditionsreiche ehemalige Club Oceanic (der 1972 eröffnet wurde und ab 2010 Chaaya Blu hieß) unter neuem Namen wieder in altem Glanz. Für das stylische Outfit am weißen breiten Traumstrand sorgte ein Schüler Geoffrey Bawas. Im Restaurant Captain's Deck speist man internationale Küche. Frisches Seafood unter dem Sternenhimmel wird à la carte im Restaurant The Crab serviert. Mit PADI-Tauchcenter. Im Frühjahr bietet das Trinco Blu Walbeobachtungstouren an.

Uppuveli Beach | Tel. 026/2 22 23 07 | www.cinnamonhotels.com | 81 Zimmer und Chalets | €€–€€€

MERIAN TOP 10

NILAVELI BEACH E4

Der 4 km lange, breite und flach abfallende **Puderzuckerstrand** ist für viele der schönste Strand Sri Lankas. Wo schon vor dem Bürgerkrieg der Tourismus blühte, kehrte ab 2009 wieder Leben ein. Neben westlichen Touristen kommen viele Auslandstamilen – Bürgerkriegsflüchtlinge, die ihren Kindern die Heimat zeigen möchten. Am Wochenende picknicken Ausflügler am Strand und baden keusch in Jeans oder Sari. Und morgens und abends mischen sich manchmal sogar noch Kühe unter die flanierenden Touristen.

Sehenswertes

PIGEON ISLAND

In nur 10 Min. erreicht man vom Nilaveli Beach aus per Boot den Nationalpark Pigeon Island, der aus zwei kleinen Inseln besteht – Pigeon Island und Coral Island. Erstere ist von einem Korallenriff umgeben, das man wunderbar ertauchen und erschnorcheln kann. Leider sind die Korallen durch den Be-

Mit ein wenig Glück trifft man beim Tauchen oder Schnorcheln vor Pigeon Island eine Meeresschildkröte – wenn es die Strömung zulässt!

sucherandrang geschädigt, und ihr Bestand ist stark zurückgegangen. Aber es lohnt trotzdem, zwischen den bunten Rifffischen, von denen es hier rund 300 verschiedene Arten gibt, spazieren zu schwimmen – zu schwimmen wohlgemerkt, die meisten Besucher stellen sich auf die Korallen. Wer hier etwas mehr Ruhe genießen möchte, kommt erst am Nachmittag.

Zu den Attraktionen der Unterwasserflora gehören auch Meeresschildkröten, Tintenfische und sogar kleinere Riffhaie, die es zu entdecken gilt. Bootsausflüge zu den Inseln werden von den Hotels organisiert.

Boot ab Nilaveli Beach | Eintritt 10 US$, Kinder 5 US$

VELGAM RAJA MAHA VIHARA

Im einst bedeutenden buddhistischen Heiligtum aus dem 11. Jh. gibt es noch viel Arbeit für Archäologen. Nur ein kopfloser Buddha erhebt sich aus den Ruinen. Doch auch die jüngste Vergangenheit ist präsent. Ein kleines Museum zeigt Fotos von Angriffen der Tamil Tigers, bei denen mancher Dorfbewohner sein Leben ließ. Mönche aus dem Kloster nebenan sind interessante Gesprächspartner.

8 km westl. von Nilaveli Beach | tgl. 7–18 Uhr | geringer Eintritt

Übernachten

Der Klassiker
NILAVELI BEACH HOTEL

Bereits in den 1970er-Jahren eröffnete das Strandhotel und empfing auch während des Bürgerkriegs fast durchgehend Gäste. Der Tsunami 2004 spülte jedoch 22 Strandbungalows einfach weg. Nach der Renovierung punktet das Nilaveli Beach wieder mit einem großen Pool, einer netten Strandbar und attraktiven neuen Zimmern im Hauptgebäude. Die älteren strandfernen Bungalows dagegen sind etwas in die Jahre gekommen. Das Nilaveli Beach ist eine beliebte Adresse und deshalb oft ausgebucht.

11th Mile Post | Tel. 026/2 23 22 95 | www.nilaveli.tangerine hotels.com | 43 Zimmer | €€–€€€

Für Ruhesuchende
PIGEON ISLAND BEACH RESORT

Eine ausgezeichnete Wahl für einen entspannten Strandurlaub ist die lang gestreckte, überschaubare Anlage gegenüber dem Nationalpark Pigeon Island. Großer Pool, kleiner Spa-Bereich und PA-DI-Tauchcenter. Die mediterran-asiatische Küche genießt man im klimatisierten Speisesaal oder mit Meeresbrise.

11th Mile Post | Tel. 026/7 38 83 88 | www.pigeonislandresort. com | 38 Zimmer | €€€–€€€€

Top-Lage zum kleinen Preis
SEAWAY HOTEL

Die Zimmer mit schattiger Veranda am fantastischen Strand beherbergen hier die preisbewussten Gäste. Insgesamt wirkt die Anlage etwas steril, auch Zeit sollte man mitbringen, aber dafür stimmt das Preis-Leistungs-Verhältnis.

Pigeon Island Beach | Tel. 026/2 23 22 12 | 16 Zimmer | €

Dschungelbuch-Feeling
JUNGLE BEACH BY UGA ESCAPES

Mitten im Dschungel und doch am Strand. Wer sich vor Schmetterlingen und Vögeln, vor Fröschen und anderem Kleingetier nicht fürchtet, wird die Lage des Hotels, das sich perfekt in seine Umgebung eingliedert, lieben. Die stylishen, aber palmblattgedeckten Chalets haben Bäder mit Regenwalddusche, der

Strand ist einsam und pudrig, die Küche zum Schwärmen. Und natürlich kann man sich im Wasser sportlich betätigen, sich im Spa nach Herzenslust verwöhnen lassen oder mit einem Guide die Umgebung erkunden. Das Personal kann Wünsche und Gedanken lesen.

Kuchchaveli (18 km nördl. von Nilaveli Beach) | Tel. 026/5 67 10 00 | www.ugaescapes.com/junglebeach | 49 Chalets | €€€–€€€€

BATTICALOA F6

100 000 Einwohner

Die zweite große Stadt an der Ostküste, 110 km südlich von Trincomalee, punktet durch ihre Lage. Das Zentrum liegt auf einer Insel zwischen dem Indischen Ozean und der Batticaloa-Lagune, die sich über 58 km entlang der Küste zieht. Steinerner Zeuge der Kolonialzeit ist das Fort aus portugiesischer Zeit, das später die Holländer übernahmen. Heute durchzieht »Batti« **multireligiöses Flair.** Hier mischen sich Hindus, Muslime und Christen, und neben knallbunten Hindutempeln liegen Kirchen in Bonbonfarben und stattliche Moscheen.

Als größte Attraktion der Stadt gelten aber die sagenumwobenen »**Singenden Fische**«, denen man – wie immer wieder Zeugen berichten – in Vollmondnächten von der Lady-Manning-Brücke, die die Kallady-Lagune überspannt, lauschen kann. Seit ein Priester den »Gesang« in den 1960er-Jahren aufzeichnete, rätselt auch die Wissenschaft.

Batticaloa liegt inmitten einer fruchtbaren Agrarlandschaft, in der Kokosplantagen und Reisfelder dominieren.

Sehenswertes

DUTCH FORT

1628 errichteten die Portugiesen das kleine, trotz seines Alters gut erhaltene Fort im Stadtzentrum, in dem zehn Jahre später die Holländer ihre Flagge hissten. Wuchtige Mauern und Wassergräben umgeben das wehrhafte Bauwerk, das heute v. a. Verwaltungsgebäude beherbergt. Sehenswert für historisch in-

Batticaloa hat eine attraktive Innenstadt. Authentischen sri-lankischen Alltag erlebt man in den vielen kleinen Straßen mit ihren netten Geschäften.

teressierte Besucher ist das Wappen der holländischen VOC (Vereenigde Oostindische Compagnie) aus dem Jahr 1682 über dem Eingangstor.
Fort Rd.

Essen und Trinken

Mit Lagunenblick
THE TUNA'S
Nettes Restaurant im Deep Sea Resort, ein kleines Taucher-Hotel. Chinesisch, indisch, sri-lankisch – und jede Menge Fisch.
Navalady Rd. | Tel. 077/0 68 68 60 | www.srilanka-divingtours. com | €€

MADURU-OYA-NATIONALPARK D–E7

Der 1983 gegründete Maduru-Oya-Nationalpark ist, wie viele Parks im Osten des Landes, für seine **Elefanten** bekannt. Außerdem sind hier Leoparden, Faultiere, Rehe, Wildschweine

Das Maalu Maalu Resort & Spa liegt in der traumhaften Bucht von Passekudah. Das Hotel setzt mit seinem Konzept auf nachhaltigen Tourismus.

und viele Vogelarten beheimatet. Zudem findet man im Park etliche **Ruinen** alter buddhistischer Schreine, Tempel, Dagobas sowie Statuen aus verschiedenen Epochen der Geschichte Sri Lankas. Es gibt einige einfache Unterkünfte.

100 km westl. von Batticaloa

PASSEKUDAH BAY UND KALKUDAH BAY F6

Die schneeweißen Strände nördlich von Batticaloa lockten schon vor dem Bürgerkrieg junge Individualreisende an, die das Strandleben und die dazugehörigen Partys gleichermaßen genossen. Die politischen Unruhen setzten dem noch jungen Tourismus Mitte der 1980er-Jahre ein jähes Ende, und 2004 traf der Tsunami die Region schwer.

Bald nach Kriegsende präsentierte die Regierung ihre Masterpläne für den traumhaften **Passekudah Beach,** der an Wochenenden von einheimischen Ausflüglern in Truppenstärke besucht wird. In der Woche haben Strandläufer die Idylle fast für sich allein – sofern nicht gerade eine neue Hotel-Baustelle für Unterbrechung beim Tagträumen sorgt. Der Ausbau zum Pauschalparadies soll nach Prinzipien des sanften Tourismus erfolgen – maximal zwei Etagen, traditionelle Baumaterialien –, allerdings auch auf höchstem (Preis-)Niveau. Mittlerweile scheinen zwar die Pläne für die »Sieben-Sterne«-Hotels wieder auf Eis gelegt, aber trotzdem: Hier wird geklotzt und nicht geklettert. Außerhalb der Hotels gibt es, anders als im Westen und Süden, noch kaum touristische Infrastruktur.

Kalkudah Beach nebenan ist noch etwas wilder und ursprünglicher – doch auch hier haben stellenweise Bagger und Baukräne schon gut zu tun. Wenige zumeist einfache Privatquartiere warten auf Besucher.

30 km nördl. von Batticaloa

Übernachten

Luxus und Stil mit gutem Gewissen
MAALU MAALU RESORT & SPA
Im schicken neuen Strandhotel, erbaut mit Naturmaterialien, wird Sozialverträglichkeit großgeschrieben. Mehr als die Hälfte der Angestellten kommt aus der Umgebung und wird im Hotel ausgebildet. Und damit der Anteil von Arbeitskräften aus der strukturschwachen Region weiter steigt, erhält die Dorfjugend kostenlosen Englisch- und Computerunterricht. Um den Fischern von Passekudah ein Zubrot durch Ausfahrten mit Touristen zu verschaffen, verzichtete man auf die Anschaffung eines eigenen Bootes und ging stattdessen Kooperationen ein.

Nordende des Strandes | Tel. 065/ 7 38 83 88 oder 011/7 38 63 89 | www.maalumaalu.com | 40 Zimmer und Bungalows | €€€€

Viel Platz zum Entspannen
AMETHYST RESORT
Weitläufige, luxuriöse Anlage, die 2012 ihre Pforten öffnete. Mit Pool, Zimmern und Cabanas in unterschiedlichen Kategorien und mit allen Annehmlichkeiten.Es gibt organisierte Ausflüge.

Coconut Board Rd. | Tel. 065/5 67 66 76 | www.amethystpassikudah. com | 97 Zimmer | €€–€€€

*Fast wie zu Hause, nur
mit Meerblick*
**KAY JAY BEACH
HOUSE**
Schön am weiten Beach liegt
das familiäre Strandhaus mit
sechs ordentlichen Zimmern
und Mini-Pool, umsorgt von
Koch Prasath mit seinem
Team, das leckere sri-lankische Curries auftischt. Man
kann nicht nur ein Zimmer,
sondern auch gleich das ganze Haus mieten (€€€€).
Old Passekudah Beach Rd., Kalku-
dah, | Tel. 065/2 05 03 30 | www.
beachhouse.kayjayhotels.com |
6 Zimmer | €€

ARUGAM BAY F9

Kurz vor Sonnenaufgang sind die ersten Surfer schon unterwegs, das Brett lässig unter den Arm geklemmt, auf der Suche
nach der perfekten Welle. Neugierig beäugt nur von den Kü-
hen, die im Sand dösen, während das Meer die Fischerboote
mit dem Fang der Nacht an den Strand spült.

Außerhalb der Hauptsaison (Mai bis September) ist Arugam Bay – unweit des muslimischen Städtchens Pottuvil –
noch eine recht verschlafene Tropenidylle. Im Sommer trifft
sich hier jedoch eine ambitionierte **Surferszene** – schließlich
gehört die goldgelbe Sandsichel in »A-Bay« zu den besten Surfspots der Welt, und die Beachpartys sind legendär. Anfänger
finden am südlichen Punkt, Reef Point, Gelegenheit zum
Üben. Surfprofis lassen sich am Surfers Point von steilen Wellen mittreiben. Am etwas abgelegenen Elephant Rock (→
S. 187) sollte man sehr vorsichtig sein, hier kam 2017 ein
Mensch durch ein Krokodil ums Leben.

Arugam Bay ist auch heute noch ein Lieblingsziel für Individualreisende ohne großes Budget. Wer sich nicht daran stört,
dass der Strand des muslimischen Fischerdorfes nicht immer
blitzsauber ist, kann den Ort auch ohne Surfbrett genießen.
Aber bitte immer schön daran denken: Tanga und Koran vertragen sich nicht unbedingt – auch viele muslimische Familien
sind am Wochenende hier unterwegs, und das sollte frau unbedingt respektieren bei der Wahl des Strandoutfits und immer auch einen Sarong griffbereit haben.

Nirgendwo auf Sri Lanka sind die Wellen länger als in Arugam Bay. An guten Tagen tragen sie die Surfer bis zu 500 m weit, vorausgesetzt, man steht dann noch.

Auf der anderen Seite der Durchgangsstraße liegt die große **Pottuvil-Lagune,** wo sich abends manchmal wilde Elefanten zum Baden treffen. Fischer bieten geführte **Kanutouren** durch die Lagune an , die ihnen ein zusätzliches Einkommen sichern und gleichzeitig die Wiederaufforstung des gefährdeten Ökosystems Mangrovenwald finanzieren. Arugam Bay ist außerdem Ausgangspunkt für die Erkundung des Kumana-Nationalparks (→ S. 188).

Sehenswertes

CROCODILE ROCK UND ELEPHANT ROCK

Viele mehr oder weniger einsame Sandstrände und die Aussichtspunkte Crocodile Rock oder Elephant Rock sind mit dem Tuk-Tuk erreichbar. Manchmal lassen sich dort sogar wilde Elefanten und – rund um die Lagune – Krokodile blicken. Vorsicht ist angesagt: 2017 tötete ein Krokodil am Elephant Rock einen jungen Urlauber, der sich nur wenige Schritte vom Strand die Hände im seichten Flusswasser waschen wollte.

3 km südl. von Arugam Bay

Während einer Safari im Kumana-Nationalpark hat man gute Chancen, Leoparden zu Gesicht zu bekommen. Meist stören sich die Raubkatzen nicht an Touristen.

KUMANA-NATIONALPARK

Die Fortsetzung des Yala-Nationalparks (bis vor wenigen Jahren als Yala-East-Nationalpark bekannt) ist von der Ostküste und Hambantota aus zu erreichen. Deshalb wird der Kumana-Nationalpark noch vergleichsweise selten besucht. Vorherrschend ist dichtes Buschland, das mit Lagunen durchsetzt ist. Häufig zu sehen sind Axishirsche, Goldschakale, wilde Wasserbüffel, Sumpfkrokodile, Elefanten und Leoparden. Am bekanntesten ist Kumana für seine reichen Populationen an Wasservögeln.

33 km südl. von Arugam Bay | tgl. 6–18 Uhr | Eintritt 10 US$, Kinder 5 US$ (Halbtagestour ca. 5000 Rs. inkl. Eintritt, Jeep, Guide/Fahrer)

LAHUGALA-NATIONALPARK

Der mit 1554 ha kleinste Nationalpark Sri Lankas ist bekannt für seine großen Elefantenherden, die man v. a. in den Sommermonaten beobachten kann. Außerdem gibt es zahlreiche Wasservögel (Pelikane, Purpurreiher, Sunda-Marabu-Störche, Seeadler, Fischadler, Eisvögel) zu sehen.

16 km nördl. von Arugam Bay | tgl. 7–18 Uhr | Eintritt 10 US$, Kinder 5 US$ (Halbtagestour ca. 5000 Rs. inkl. Eintritt, Jeep, Guide/Fahrer)

Übernachten/Essen und Trinken

14 MERIAN EMPFEHLUNG

Stilvolle Cabanas im Garten
HIDEAWAY

Das kleine Guesthouse gehört zu den Pionieren in Arugam Bay. Sharon da Silva, die lange ein Catering-Unternehmen in Hawaii betrieb, übernahm die stilvolle Anlage mit Zimmern im Haupthaus und geräumigen Cabanas vor einigen Jahren von ihrem Vater. Ihre Erfahrung in der Gastronomie kann man bei den köstlichen Menüs schmecken. Der Garten mit dem Pool entschädigt für den fehlenden Strandzugang. In der Hochsaison im Sommer gilt ein Mindestaufenthalt von drei Nächten.

Schräg gegenüber der Tourist Police | Tel. 063/2 24 82 59 | www. hideawayarugambay.com | 14 Zimmer | €€€

Hotellegende am Surferstrand
STARDUST BEACH

Die Dänin Merete Scheller und ihr Mann Per Goodman eröffneten das kleine Hotel bereits 1982 und schlossen auch während des Bürgerkriegs nur wenige Jahre, als die Repressionen der LTTE zu heftig wurden. Das Surferpublikum hielt ihnen auch in schwierigen Zeiten die Treue. Doch die Probleme rissen nicht ab: Der Tsunami am Weihnachtstag 2004 zerstörte das Stardust Beach komplett, und Per Goodman starb in den Wellen.

Mithilfe von Freunden und Stammgästen baute Merete das Stardust im dänisch-srilankischen Stil wieder auf und bietet nun verschiedene Übernachtungsmöglichkeiten – von einfachen Beach-Cabanas über Zimmer mit Mini-Bar bis zu Familiensuiten und teuren Apartments in der »Villa« (€€€).

Auch Yoga, Massage und Kanuausflüge gehören zum Angebot. Das Restaurant ist berühmt für seinen frischen Fisch, und zu den Ereignissen, die man nicht verpassen sollte, gehört das Seafood BBQ im Stardust Beach unter einem grandiosen Sternenhimmel.

Am Nordende des Strands | Tel. 063/2 24 81 91 | www.arugambay. com | €–€€€

Der von Gläubigen verehrte Sivuralumulle Dhammasiri Thero gibt einem der zahlreichen Pilger, die sich auf den Weg zum Kloster machen, seinen Segen.

EIN LEBEN IM FELSENKLOSTER

Im Einklang mit der Natur

Der Einsiedler-Abt Sivuralumulle Dhammasiri Thero aus dem Kloster Kudumbigala an der Ostküste erinnert sich im Interview an den Bürgerkrieg – und an ein buddhistisches Wunder.

Erzählen Sie uns doch bitte ein wenig über Ihr Leben.
Wir sind Einsiedler-Mönche, *bhikkhus,* und unser buddhistisches Felsenkloster erhebt sich auf einem Berg in einer der abgelegensten Ecken Sri Lankas: Kundumbigala. Dies ist ein heiliger Ort. Eremiten zogen sich schon zur Zeit unseres Königs Dutthagamani vor mehr als 2000 Jahren in die 200 Höhlen zurück. Viele haben hier in der Einsamkeit das Nirwana erreicht, ihre Erleuchtung. Sie haben damit das *samsara* beendet, den ewigen Kreislauf der Wiedergeburten, des Lebens und des Leidens. Dazu braucht man Ruhe und keine weltliche Ablenkung. Ich lebe seit mehr als 20 Jahren in Kudumbigala, am An-

fang war ich selbst Tempeldiener und habe für die Mönche gekocht. Wir leben nach strengen Regeln. Wir meditieren sehr viel. Wenn ich krank bin, dann hilft Meditation und Ayurveda-Medizin, ich mag keine westlichen Pillen. Nur das Hörgerät, das ist gut, das hilft mir, die Glocke zu hören und die Pilger, die an Feiertagen kommen.

Ist es hier nicht gefährlich, mitten im Niemandsland?
In dieser Gegend gibt es noch wilde Elefanten und Bären, aber wir hatten nie Probleme mit den Wildtieren, wir leben im Einklang mit der Natur und bedrohen sie nicht. Die Gefahr war lange Zeit eine andere. Bis um die Jahrtausendwende gab es hier viele Kämpfe zwischen den tamilischen Terroristen und der Armee. Die anderen sieben Mönche sind damals geflohen, und die Soldaten wollten auch mich ins nächstgelegene Dorf Panama evakuieren. Aber ich blieb als Einziger. Ein paar Regierungssoldaten haben uns immer auf dem Felsen beschützt, denn hier sollten damals noch Waffenverstecke der LTTE sein.

Was haben die Tamil Tigers von der LTTE damals hier getan?
Viele Jahre kamen nicht einmal mehr die Pilger hierher. Denn die LTTE hat hier gewütet, 1994 hat sie an nur einem Tag 17 Bauern getötet. Noch Anfang 2009, in den letzten Kriegstagen, wurde mein Sohn bei der Essenslieferung für uns Mönche gekidnappt. Er selbst war Mönch, lebte unten im Dorf Panama an der Küste und brachte uns Lebensmittel mit einem Soldaten als Begleitschutz. Er sollte getötet werden, konnte aber fliehen, weil zwei Bären die Rebellen angegriffen haben. Nein, das ist keine buddhistische Fabel, auch wenn sich viele Legenden um Kudumbigala ranken. Aber jetzt endlich ist Frieden.

Was macht Kudumbigala so besonders?
Das ist die Stupa, die einzige zylindrisch geformte Stupa in ganz Sri Lanka. Deswegen kommen jetzt auch wieder viele Pilger hierher, zum Beispiel am Wochenende oder an den Poya-Feiertagen zum Vollmond. Dann ist hier immer viel los.

TOUREN, AUSFLÜGE UND WANDERUNGEN

Ein buddhistischer Mönch schützt sich mit einem Schirm vor der Sonne. Sein Erscheinungsbild soll Gleichmut und Bescheidenheit zeigen.

TOUR
Höhepunkte Sri Lankas – Kultur und Natur

Autotour mit Besuch der UNESCO-Welterbestätten, die die einzigartige Vielfalt der Insel vermittelt: archäologische Ruinenstädte, lebendige Tempelkultur, spektakuläre Landschaften und die Tierwelt in den Nationalparks.

Dauer: ca. 11 Tage **Länge:** ca. 1400 km

Wer Sri Lanka mit allen landschaftlichen und kulturellen Höhepunkten kennenlernen möchte, sollte mindestens zwei Wochen auf der Insel einplanen. Bei dieser elftägigen Tour sind alle kulturellen Perlen versammelt, einige Badetage kann man problemlos anhängen.

COLOMBO A8

Die Stadterkundung führt auf den Spuren der britischen Kolonialzeit zuerst ins Fort. Anschließend lockt ein Streifzug durchs benachbarte quirlige Händlerviertel **Pettah** mit der Straße der Goldhändler, der Straße der Ayurveda-Händler sowie Kirchen, Moscheen und Hindu-Tempeln in nächster Nachbarschaft. Ein Muss: der Sundowner auf der Terrasse des **Galle Face Hotels** mit anschließendem Abstecher zum **Galle Face Green,** wo man sich unter die sri-lankischen Familien mischt.

GALLE B11

Auf der Autobahn geht es in die alte Hafenstadt Galle. Die schönste Zeit zum Flanieren auf den alten Verteidigungswällen rund ums historische **Fort-Viertel** (UNESCO-Welterbe) ist der späte Nachmittag. Beim anschließenden Gassenbummel kann man schön die Zeit vertrödeln zwischen Moschee und alter Kirche, Cafés und netten Geschäften.

Der Morgennebel verhüllt den Sinharaja Rainforest bei Nuwara Eliya. Bei einer Wanderung sieht man eine Menge von seiner großen Artenvielfalt.

NUWARA ELIYA C8

Am nächsten Tag lohnt ein früher Sprung aus den Federn, denn die ideale Zeit für einen Besuch im **Sinharaja Rainforest** (UNESCO-Welterbe) ist vormittags, wenn es seltener regnet als später am Tag. Sri Lankas letztes Regenwaldgebiet trumpft mit einer faszinierenden Vogelwelt, beispielsweise während einer geführten Wanderung auf einem der drei Nature Trails (4–14 km). Nach der Wanderung geht es direkt weiter nach **Nuwara Eliya.**

Bevor man am frühen Morgen aufbricht zu den Horton Plains, heißt es: den Pullover nicht vergessen, denn auf 2000 m Höhe ist es frisch! Und am besten am Tag zuvor einen Jeep für die Fahrt zum **Horton-Plains-Nationalpark** (UNESCO-Welterbe) organisieren, wo eine faszinierende Wanderung durch den Bergnebelwald zu erleben ist.

Mit seinen Fachwerkhäusern, Rosenbeeten und Kaminzimmern wirkt Nuwara Eliya bis heute »very British«. Ein beliebtes Wochenendziel der Upper Class aus Colombo, die hier Golf und High Tea Time zelebriert. Ein stilvoller Tagesabschluss ist ein Dinner im legendären **Hill Club.**

DURCHS HOCHLAND NACH PERADENIYA C8

Teegrün ist das Land zwischen Nuwara Eliya und Kandy, wo der edle Ceylontee wächst. Unterwegs bietet sich die Gelegenheit, einen kleinen Plausch mit den Pflückerinnen zu halten und Tee direkt auf der Plantage zu verkosten. Im **Botanischen Garten von Peradeniya** spaziert man am Nachmittag zwischen Banyanbäumen, Kokospalmen und Orchideen und genießt die einzigartige Fülle der tropischen Fauna. Weiter geht es in die Königsstadt Kandy, wo die akrobatischen Kandy Dancers abends ihr Können zeigen.

KANDY C7

Scharen von Pilgern folgen mit Lotosblüten in der Hand dumpfen Trommelklängen, um die heiligste Reliquie des Landes zu besuchen: einen Eckzahn Buddhas, der im **Sri Dalada Maligawa** (Zahntempel) in Kandy gehütet wird. Auch Touristen sind zu den drei Zeremonie-Zeiten am Tag gern gesehene Gäste im gemeinschaftlich-trubeligen Schieben und Drängen. Anschließend steht je nach Laune ein Marktbesuch auf dem Programm, ein Spaziergang um den Milchsee oder Entspannung am Hotelpool. Und am Abend nimmt man einen Milchtee oder einen Drink in den gediegenen Hotelbar-Klassikern oder einem angesagten Pub entlang der Uferstraße.

DAMBULLA C6

Vormittags erfährt man Wissenswertes in einem der vielen **Gewürzgärten bei Matale,** etwa wie Pfeffer, Zimt und Kardamom wachsen, und bei dieser Gelegenheit lässt sich der Gewürzvorrat für zu Hause auffüllen. Bücher aus Palmblättern lernt man beim Höhlentempel **Aluvihara** kennen. Am Nachmittag wartet ein weiterer Höhepunkt: In den buddhistischen **Höhlentempeln** von Dambulla (UNESCO-Welterbe) erzählen historische Malereien und Statuen von der Lehre des Erleuchteten.

Für drei oder vier Nächte bietet die Region zwischen Dambulla und Habarana ausreichend Quartiere, um von dort Tagesausflüge nach Polonnaruwa, Sigiriya und Anuradhapura zu unternehmen.

POLONNARUWA D6

In der zweiten historischen Hauptstadt, Polonnaruwa, begeistert das alte Ceylon zwischen Königspalast, Tempeln und steinernen Buddhas. Nach der Mittagspause bei Rice & Curry im Polonnaruwa Rest House lassen sich auf dem Rückweg im **Minneriya-Nationalpark** vielleicht der eine oder andere Elefant und andere Wildtiere blicken.

SIGIRIYA/MIHINTALE C6/C5

Früh morgens kann man bei noch angenehmen Temperaturen Stufe für Stufe den **Löwenfelsen** von Sigiriya (UNESCO-Welterbe) erklimmen. Der Lohn für die Mühe: ein atemberaubender Blick und eine Felsenfestung voller Geschichte(n). Auf dem Weg hinab bezaubern die Fresken der **Wolkenmädchen,** die unbekannte Künstler auf den Fels malten. Mit einem Abstecher zum ältesten buddhistischen Heiligtum der Insel nach Mihintale, wo sich einige Felsen erklimmen lassen, endet der Tag mit wunderschönem Sonnenuntergangspanorama.

ANURADHAPURA B5

Einen ganzen Tag geht man in der Klosterstadt Anuradhapura (UNESCO-Kulturerbe) auf Zeitreise ins 1. Jh. v. Chr. Riesige **Stupas** recken sich himmelwärts, eine schöner und älter (über 2000 Jahre!) als die nächste. Pluspunkte fürs eigene Karma gibt es nicht nur fürs Radfahren von Ruine zu Ruine, sondern auch bei der Umrundung des **Sri Maha Bodhi** – einen Ableger des Baumes, unter dem Buddha Erleuchtung erlangte.

ZURÜCK NACH COLOMBO A8

Für den Rückweg hebt man sich noch ein besonderes Highlight auf! Der **Riesenbuddha von Aukana** ist auf dem Rückweg am nächsten und letzten Tag unbedingt einen Besuch wert: ein Meisterwerk der sri-lankischen Bildhauerkunst aus dem 5. Jh., der wohl schönste aller Buddhas, denn mit dem perfekten Faltenwurf seiner auch aus dem Fels gehauenen Toga wirkt es, als würde er gleich losspazieren. Über Kurunegala führt der Weg zurück nach Colombo.

Reinstes Panorama-Kino!

Wie auf einer Kinoleinwand gleitet die Landschaft vorbei: erst Palmenwälder ohne Ende und feucht glänzende Reispaddys, über denen weiße Reiher schweben. Bauern stehen knöcheltief in ihren schlammigen Feldern, Kinder winken vom Rücken eines Wasserbüffels. Die Frauen knien im Sari am Ufer eines Bachs beim Wäscheschrubben. Den Makaken in den Baumkronen könnte man im Vorbeifahren die Bananen vom Nachtisch zuwerfen. Wenn der Zug ins Hochland schnauft, weicht die Dschungelkulisse allmählich den markant-buckligen Bergketten und tiefen Tälern mit Kiefernwald.

Ein **Erbe der Briten** aus dem alten Ceylon ist die Eisenbahn. Rund 1400 Kilometer Gleise (bis heute sind es mit 1500 Kilometern nur unwesentlich mehr geworden) ließen die Kolonialherren einst im Land verlegen. Und so fährt es sich dann auch: ruckelnd, manchmal ohrenbetäubend laut und nur im Schneckentempo. Nicht selten sind die Züge wegen der eingleisigen Strecken verspätet, fallen gleich ganz aus – und sie sind nicht unbedingt blitzeblank.

Ganze Menschentrauben hängen an den Einstiegen der Züge. Für die 2. oder 3. Klasse gilt: rechtzeitig auf den Bahnhöfen sein und mitdrängeln.

Dafür sind die Tickets **unglaublich billig** (um die 1 €), und Bahnfahren ist viel sicherer, als mit den rasenden Kamikazebussen im Land unterwegs zu sein. Die Sitzplätze in der 1. Klasse und im Aussichtswaggon muss man allerdings im Voraus buchen. Wenn in der manchmal auch mit Touristen überfüllten 2. Klasse wirklich kein Platz mehr ist, dann weicht man aus in die 3. Klasse – das ist ohnehin viel authentischer und auch nicht viel schlechter als in der 2. Klasse – nur etwas enger und ohne Ventilatoren.

Eine der weltschönsten Eisenbahnstrecken sollte man auf keinen Fall versäumen: eine **Reise durchs Bergland,** etwa von Colombo nach Kandy (3–4 Stunden) und weiter nach Ella und

Die Nine Arch Bridge zwischen Ella und Demodara gilt als die schönste Brücke Sri Lankas. Sie ist ein gutes Beispiel für den kolonialen Eisenbahnbau des Landes.

Badulla (9–11 Stunden) im östlichen Hochland. Der landschaftlich spannendste Abschnitt ist dabei die **Serpentinenstrecke** von Haputale über Bandarawela und Ella (mit einem schönen Bahnhof) nach Badulla, der Endstation. Beste Aussicht bietet der Observation Saloon, der letzte Waggon mit großem Panoramafenster. Bei Strecken von mehr als 80 Kilometern sind 24-stündige Fahrtunterbrechungen möglich, die man etwa für einen nächtlichen Aufstieg auf den Adam's Peak nutzen kann.

Ab und zu, bei seltenen Chartertouren, rollt auch noch die gute alte Dampflok durch die Landschaft – mit einem Hauch von Orient Express. Backpacker können mit dem **Yakada Yaka** reisen, dem »Eisenmonster«, wie die Ceylonesen noch in den 1920er-Jahren das rauchende Ungetüm nannten. Später verkehrte der rote Luxus-Nostalgiezug **Viceroy Special** mit Salonwagen und Restaurant – er fährt seit einigen Jahren aber nicht mehr bzw. nur noch bei ganz besonderen Anlässen und sehr seltenen Charterausflügen nach Kandy oder entlang der Küste bis Galle.

Die Ramboda Falls nördlich von Nuwara Eliya direkt an der Straße nach Kandy. Von einem Aussichtspunkt blickt man direkt auf den 109 m hohen Wasserfall.

TOUR

Von Kandy ins Hochland – Auf den Spuren des Ceylontees

Autotour ins Hochland, kombiniert mit einer spektakulären Zugfahrt. Es geht durch Schluchten und Wälder, vorbei an Wasserfällen und Teeplantagen.

Dauer: 1 Tag **Einkehrtipp:** Hill Club, 29, Grand Hotel Rd., Nuwara Eliya, Tel. 052/2 22 26 53, www.hillclubsrilanka.lk, €€–€€€

Bereits 1867 fauchten die ersten Dampfrosse von Colombo ins Hochland. Der Schienenstrang mit seinen zahlreichen Tunneln und Brücken, der dem Dschungel abgerungen werden musste, ist ein Meisterwerk britischer Ingenieurskunst: eine der schönsten und spektakulärsten Bahnstrecken Asiens. Für die 300 km lange Fahrt ab Colombo benötigt man einen Tag. Wer nicht ganz so viel Sitzfleisch mitbringt, wählt z. B. das Teilstück Kandy–Nanu Oya, für das man rund 4,5 Std. braucht.

VON KANDY NACH NUWARA ELIYA

Man sollte auf jeden Fall einen Mietwagen mit Fahrer für zwei Tage buchen – eine Übernachtung im Hochland ist das Minimum, wenn die Erholung nicht zu kurz kommen soll. Der Fahrer bringt die Fahrgäste nach Kandy, hilft beim Kauf des Tickets am Bahnhof **Peradeniya Junction** (einige Kilometer außerhalb) und fährt mit dem Gepäck voraus, um seine Gäste am Zielbahnhof wieder in Empfang zu nehmen.

Bis Hatton (1271 m), dem Ausgangspunkt für die Besteigung des Sri Pada (Adam's Peak), dominieren bewaldete Hügel das Landschaftsbild, bevor der Zug ins Teeland eintaucht: Tiefe Schluchten und Wasserfälle, die talwärts donnern, sorgen für reichlich Fotomotive.

In den 4,5 Std. von Kandy bis **Nanu Oya** (der Bahnhof von Nuwara Eliya) überwindet der Zug mehr als 1000 Höhenmeter und eine Klimazone: Die tropische Schwüle Kandys weicht dem ewigen Frühling in der liebsten Sommerfrische der Briten, die sich in »Nurelia« gern bei Jagd und Golf vergnügten.

WEITER NACH BADULA

Wer noch nicht genug von der Schienenreise hat, ruckelt weiter bis Badulla. Fliegende Verkäufer mit Tee und Snacks steigen immer wieder zu. In **Pattipola** erreicht die Trasse ihren höchsten Punkt (1898 m). Von hier geht es langsam wieder abwärts über Bandarawela und Ella, durch Rhododendronwälder, Gemüsegärten und immer wieder durch Teeplantagen. Gerade auf dem letzten Teilstück warten noch ein paar echte Hingucker wie die bildschöne **Nine Arch Bridge** oder die atemberaubende Kurve des **Demodara Loop,** wo Lokomotive und Zugende sich einzuholen scheinen. (Information auf www.railway.gov.lk und slr.malindaprasad.com)

RUND UM NUWARA ELIYA

Ein Muss ist der Besuch einer Teefabrik (z. B. Mackwoods und Pedro), und natürlich darf eine klassische Tea Time nicht fehlen. Ein wunderbar nostalgischer Platz dafür ist der **Hill Club,** wo bester Hochlandtee stilecht vor dem Kamin serviert wird.

AUSFLUG
Königliche Spuren – Polonnaruwa mit dem Fahrrad erkunden

Mit dem Mietfahrrad ganz entspannt eine der schönsten Ausgrabungsstätten Sri Lankas erkunden. Und auf dem Rückweg gibt es eine Belohnung beim Sonnenuntergang.

Dauer: Halbtagestour **Einkehrtipp:** Hotel-Restaurant The Lake (nicht zu verwechseln mit dem EKHO The Lake House am Eingang zu den Ruinen weiter nördlich), New Town (!), Bund Rd. (am See, ca. 1,5 km südl.), Tel. 027/2 22 24 11, €€

Die weit verstreut liegenden Ruinen von Polonnaruwa (tgl. 7–17.30 Uhr), der zweiten alten Königsstadt Sri Lankas neben Anuradhapura, sind hervorragend mit einem Fahrrad zu erkunden, das man in vielen Hotels und Guesthouses ausleihen kann. Los geht's idealerweise früh morgens vor dem Ansturm der Reisegruppen und bei noch angenehmen Temperaturen. Am Nachmittag lässt man die Tour gegen 17 Uhr bei einer Tea Time oder Rice & Curry im The Lake Hotel ausklingen.

AM SEE ENTLANG

Vom Hotelbezirk aus radelt man zunächst am Stausee Parakrama Samudra entlang, der während der Regierungszeit von König Parakrama Bahu I. (12. Jh.) ausgehoben wurde und bis heute die Bewässerung der Felder ringsum sicherstellt. Hier kann man morgens den Fischern bei der Arbeit zusehen. Wenige Schritte vom Ufer entfernt locken die ersten Ausläufer der Ruinenstadt: eine Monumentalstatue sowie die steinernen Überreste des Klosters Potgul Vihara. Unbedingt einen Besuch wert ist das **Archäologische Museum** am See (tgl. 8–17 Uhr). Modelle zeigen die Paläste und Tempel der Ruinenstadt im ursprünglichen Zustand. An einem der Kanäle entlang geht es anschließend zum Haupteingang des Ausgrabungsgeländes.

Will man keine müden Füße kriegen, ist ein Fahrrad das perfekte Fortbewegungsmittel, um den großen archäologischen Park von Polonnaruwa zu erkunden.

VOM REGIERUNGSSITZ ZUM HEILIGEN BEZIRK

Zunächst erkundet man das einstige administrative Zentrum Polonnaruwas mit Königspalast samt Badeanlagen und der Ratshalle, dem einstigen Machtzentrum des Reichs. Den Kontrapunkt zum Regierungsviertel setzt der heilige Bezirk, wo jahrhundertelang die heiligste Reliquie des Landes – Buddhas Eckzahn – gehütet wurde. Wer müde ist, findet unterwegs genügend Orte zum Verschnaufen und fliegende Händler, die Getränke und Snacks verkaufen.

Vorbei am Lankatilaka-Statuenhaus und den schönsten Dagobas Polonnaruwas geht es dem Höhepunkt entgegen: Lieblingsplatz vieler Besucher ist der Felsschrein **Gal Vihara** mit vier Statuen Buddhas, die unbekannte Künstler im 12. Jh. aus dem Fels meißelten. Ein Platz zum Genießen und Meditieren.

Außerhalb des Ancient Towns mit seinen Ruinen liegt etwas weiter südlich das **Lake Hotel** in New Town direkt am See. Hier genießt man das perfekte Finale der Radtour bei Tea Time am Pool, einem Rice & Curry-Büfett oder frisch gefangenem Fisch (€€) – mit bestem Seeblick zum Sonnenuntergang.

WANDERUNG

Horton Plains – Das »Ende der Welt« erwandern

Jeepausflug auf das Hochplateau der Horton Plains mit Wanderung zum Naturschauspiel »World's End« und eindrucksvollen Wasserfällen.

Schwierigkeitsgrad: einfach **Dauer:** Halbtagestour **Einkehrtipp:** Picknick am World's End

Rau und oft erstaunlich kühl präsentiert sich das nach dem britischen Gouverneur Robert W. Horton benannte Hochplateau, das zu den beliebtesten Jagdrevieren der Kolonialherren zählte. Heute leben 87 Vogel- und 24 Säugetierarten im **Horton-Plains-Nationalpark.**

In 2100 m Höhe wehen oft raue Winde, die eine eigentümlich-bizarre Landschaft schufen. Der letzte **Bergnebelwald** der Insel zählt zum UNESCO-Welterbe. Frühmorgens gegen 5 Uhr sollte man in Nuwara Eliya mit Minibus oder Jeep aufbrechen (rund 1,5 Std. Fahrzeit, Jeep ab 3000 Rs.), denn bereits gegen 10 Uhr schieben sich oft die ersten Nebelschwaden vor die Aussicht. In den Rucksack gehören ausreichend Wasser und eine Brotzeit (nicht in Plastik verpackt, wird am Eingang kontrolliert), zur Ausrüstung feste Schuhe und Regenzeug.

WORLD'S END

Nachdem man am Parkeingang die deftige Eintrittsgebühr (4000 Rs.) bezahlt hat, folgt man dem Weg zum **World's End** (ca. 4 km). Vogelgezwitscher, Schmetterlinge und die Schreie von Affen begleiten die Wanderer. Über eine baumlose Ebene, dann durch den Nebelwald mit Baumfarnen, Rhododendronbüschen und knorrigen Bäumen mit Moos und langen Flechtenbärten zieht sich der Wanderpfad gemütlich über Stock und

Durch den kühlen Bergnebelwald geht es bis nach World's End. Das »Ende der Welt« ist ein großartiger Platz für ein Frühstück mit spektakulärer Aussicht.

Stein. Zunächst sind keine größeren Höhenunterschiede zum Small World's End zu bewältigen, dann geht es etwas aufwärts weiter zum Naturwunder World's End. Hier bricht das Plateau wie nach Handkantenschlag plötzlich mehr als 1000 m tief ab, und ein schwindelerregender Blick auf das »Ende der Welt« tut sich auf, der bei guter Sicht bis zur Südküste reicht.

PICKNICK MIT AUSSICHT

Aber bitte **Vorsicht** beim Selfie, besonders wenn sich auf dem mit Büschen überwachsenen Aussichtspunkt schon einige Dutzend Besucher drängen. Hier verunglücken immer wieder Touristen. Wenn es nicht schon zu voll ist, dann kann man hier herrlich pausieren, die Frühstücksbox auspacken und den Blick übers Dschungelgrün hinweg bis zum Meer genießen.

BAKER'S FALLS

Statt auf demselben Weg zurückzugehen, geht es bei gutem Wetter in einer kleinen Schleife, dem Wegweiser folgend, 2 km weiter zu den **Baker's Falls,** wo sich der Fluss Belihul Oya in Kaskaden in die Tiefe stürzt. Von dort aus wandert man an gurgelnden Bächen entlang zurück zum Ausgangspunkt.

Ein sonniges Plätzchen und ein Bild mit Symbol-
kraft. Im Buddhismus gelten Tiere nicht als min-
derwertige Existenzen.

WISSENSWERTES

SERVICE

Anreise und Ankunft
Die Flüge aus Europa kommen am Bandaranaike International Airport, 35 km nördlich von Colombo, an. Die Taxifahrt nach Colombo kostet ca. 3000 Rs. (Preisliste: www.airport.lk) und dauert 1–1,5 Stunden.

Auf www.atmosfair.de und www.myclimate.org kann jeder Reisende durch eine Spende für Klimaschutzprojekte für die CO_2-Emission seines Fluges aufkommen.

Auskunft
Sri Lanka Tourism
Promotion Bureau
www.srilanka.travel

Buchtipps
V. V. Ganeshananthan: Die Liebesheirat (btb, 2009) Eine bunte Familiengeschichte, die ebenso eindrucksvoll wie einfühlsam das Leben der Tamilen im amerikanischen Exil, aber auch auf Sri Lanka nach dem Schwarzen Juli 1983 schildert.

Minouche Moser: In einem leuchtend-schönen Land –

Abenteuer Alltag in Sri Lanka (Dryas, 2010) Erlebnisse einer deutsch-schweizerischen Familie in Sri Lanka.

Michael Ondaatje: Es liegt in der Familie (dtv, 1997) Der kanadische Schriftsteller holländisch-tamilisch-singhalesischer Abstammung erzählt in seinem persönlichsten Buch von seiner Rückkehr ins Ceylon der 1930er- und 1940er-Jahre.

Michael Ondaatje: Anils Geist (Hanser, 2000) Ebenso spannend wie poetisch ist Ondaatjes Roman über persönliches Engagement im Bürgerkrieg.

Michael Ondaatje: Katzentisch (Hanser, 2012) Die Geschichte dreier Jungen, die in den 1950er-Jahren von Ceylon nach England reisen. Große Literatur!

Serendip: Die echte Sri-Lanka-Küche (Christian Verlag, 2010) Würzige Rezepte, schöne Fotos und Alltagsgeschichten geben einen Einblick in die Tradition der sri-lankischen Küche.

Diplomatische Vertretungen
Deutsche Botschaft
Colombo, 40, Alfred House Ave. | Tel. 011/2 58 04 31 | www.colombo.diplo.de

Österreichische Honorarkonsulat
Colombo, Union Pl. | Tel. 011/2 69 63 11 | www.bmeia.gv.at

Schweizer Botschaft
Colombo, 63, Srimath R.G. Senanayake (Gregory's Rd.) | Tel. 011/2 69 51 17 | www.eda.admin.ch/colombo

Feiertage
1. Januar Neujahr
Januar Thai Pongal (Erntefest der Tamilen)
4. Februar Nationalfeiertag (Tag der Unabhängigkeit)
Februar Navam Perahera (Feier der Ankunft des Buddhismus auf Sri Lanka)
März/April Ostern (Passionsspiele rund um Negombo)
Mitte April Neujahrsfest der Singhalesen und Tamilen
Mai Wesak (Feier von Geburt, Erleuchtung und Tod Buddhas)

Juli/August Esala Perahera (Feier zu Ehren des heiligen Zahns in Kandy)
Juli/August Vel (Hindufest mit Prozessionen in Colombo, Jaffna und Kataragama)
Oktober/November Diwali (Hinduistisches Lichterfest)
25. Dezember Weihnachten

Geld
100 Rs.   0,49 €/0,52 SFr
1 €   204 Rs.
1 SFr   192 Rs.
Stand Juni 2020

Links und Apps
Links
www.auswaertiges-amt.de
Sicherheitshinweise/Adressen der Auslandsvertretungen.

www.fit-for-travel.de
Informationen zur Gesundheitsvorsorge bei Fernreisen, gegliedert nach Ländern.

www.srilanka.travel
Internetauftritt des sri-lankischen Fremdenverkehrsamtes mit schönen Fotos und Informationen zu den Attraktionen des Inselstaats.

www.sri-lanka-board.de
Sehr informative private Sri-Lanka-Seite auf Deutsch.

Apps
PickMe
Tuk-Tuk und Taxis per App in Colombo, Galle und Kandy, bei Überlandstrecken scheint es nicht immer zu klappen.

Trains Sri Lanka
Preise/Fahrtzeiten der Züge

Medizinische Versorgung
Auffrischimpfungen bis zu sechs Wochen vor der Reise sind sinnvoll (Masern, Tetanus, Diphterie, Polio, evtl. Hepatitis A, in ländlichen Gebieten ggf. Tollwut und Typhus-Schluckimpfung). Sri Lanka gilt set 2016 als malariafrei, landesweit besteht jedoch ein Übertragungsrisiko für Dengue-Fieber (durch den Stich tag(!)aktiver Mücken) und Japanische Enzephalitis – gegen beides gibt es keine wirksamen Medikamente, aber konsequente Mückenschutzmaßnahmen werden empfohlen (auch tagsüber helle langärmelige Kleidung, Sprays, abends Spiralen und evtl. ein Moskitonetz).

Eine Liste mit Fachärzten und Kliniken gibt es hier: www.colombo.diplo.de

Krankenversicherung
Der Abschluss einer zusätzlichen Auslandskrankenversicherung ist preiswert und unbedingt zu empfehlen. Nur dann werden gegen Vorlage der Arzt- und Krankenhausrechnungen und einer ärztlichen Erklärung die Kosten erstattet. Die Versicherung sollte auf jeden Fall auch den Krankenrücktransport im Notfall einschließen.

Notruf
Touristenpolizei
Tel. 19 12 (Info), 938 (bei sexuellen Übergriffen) und 011/ 2 42 10 52
Polizei
Tel. 118, 119 und 011/2 43 33 33
Feuerwehr/Krankenwagen
Tel. 110 (Feuerwehr), 19 90 und 011/2 42 22 22

Reisedokumente
Vor der Einreise ist online (www.eta.gov.lk) eine elektronische Reisegenehmigung (ETA) zu beantragen, bei der Einreise in Sri Lanka wird ETA-Inhabern das Visum ausgestellt. Das Visum erhält man auch in einer der sri-lankischen Auslandsvertretungen im Heimatland (spätes-

tens zwei Wochen vor der Abreise) (www.srilanka-bot schaft.de). Die Bearbeitungsgebühr beträgt 32 € (für eine Aufenthaltsdauer von 30 Tagen; 57 € für 90 Tage). Für Kurzzeitvisa bis zu 30 Tage Aufenthalt ist es außerdem möglich, ein Visum am Flughafen in Colombo zu beantragen (40 US$, Visa on arrival, evtl. längere Wartezeit). Der Reisepass muss mindestens 6 Monate über die geplante Ausreise hinaus gültig sein, ein Rückflugticket ist ebenfalls vorzulegen. Kinder benötigen einen Kinderreisepass.

Reiseknigge

Die Avancen fliegender Händler können lästig sein, doch wer unwirsch reagiert, verliert sein Gesicht. Besser ist ein freundliches, aber bestimmtes »No, thank you«.

Trinkgelder werden gern gesehen und ergänzen den meist sehr bescheidenen Verdienst. Allerdings sollte man die Kaufkraft des Landes im Auge haben und auf keinen Fall bettelnden Kindern Geld geben.

Das Auswärtige Amt warnt vor teils drakonischen Strafen bei Verhalten, das als religiöse Missachtung gedeutet werden kann. Besucher religiöser Stätten müssen angemessen gekleidet sein (bedeckte Schultern und Knie). Beim Betreten von Schreinen und Tempeln müssen die Schuhe ausgezogen und Kopfbedeckungen abgenommen werden, Frauen haben keinen Zutritt zu Moscheen und dürfen Mönchen nicht die Hand reichen. Badebekleidung außerhalb des Strandes stößt auf Unverständnis oder Ablehnung, FKK/ Oben-ohne ist verboten.

Menschen lassen sich in der Regel gern fotografieren, wenn man vorher um Erlaubnis bittet. Teepflückerinnen und Stelzenfischer verlangen meist eine kleine Foto-Gebühr. Strikt verboten ist es, vor Buddha-Statuen in den Tempeln für ein Foto zu posieren und die Wolkenmädchen-Fresken in Sigiriya zu fotografieren!

Die (hohen) Eintrittspreise für die Top-Sehenswürdigkeiten im kulturellen Dreieck beinhalten die Fotoerlaubnis, manchmal wird noch eine zusätzliche Videogebühr erhoben.

Reisewetter

In Sri Lanka herrscht tropisches Klima. Die Temperaturen sind über das ganze Jahr hinweg schwülwarm, und man unterscheidet nicht zwischen Jahreszeiten, sondern zwischen Regen- und Trockenzeiten.

An der West- und Südwestküste bringt der Monsun kräftige Regenschauer im Frühjahr (Ende April bis Juni) sowie im Herbst. Während des Sommerhalbjahrs ist außerdem das Meer unruhig und nur bedingt zum Schwimmen geeignet.

Die Ostküste hat im Hochsommer Saison. Hier fallen die heftigsten Regengüsse im November und Dezember.

Im Hochland sind die Temperaturen generell niedriger. Um Nuwara Eliya kann es sogar recht kühl werden. Hier sind die schönsten Monate mit angenehmen Temperaturen Januar bis März.

Sicherheit

Bei Reisen durch ehemalige Krisengebiete im Norden und Osten sollte man die befestigten Wege wegen anhaltender Minengefahr nicht verlassen. Mit steigenden Tourismuszahlen ist auch die Zahl der Bagatelldiebstähle gestiegen, ebenso Kreditkartenbetrug und sexuelle Übergriffe auf (alleinreisende) Frauen. Abhilfe und Respekt schafft definitiv konservative, d. h. körperbedeckende und weite Kleidung.

Vor allem in Colombo sollte man Tuk-Tuk-Fahrern mit Skepsis begegnen und Preise und Fahrtziel im Vorfeld absprechen, es hilft, die km-Zahl zu kennen und zu nennen.

Die Brandung an Sri Lankas Stränden ist lebensgefährlich. Vor dem Bad im Meer sollte man sich bei Ortskundigen informieren. Manche gut besuchte Strände sind auch überwacht.

Strom

Das Stromnetz führt fast überall 230 V Wechselstrom. Vielfach sind Adapter nötig, die oft an der Hotelrezeption ausgeliehen werden können.

Telefon
Vorwahlen

D, A, CH ► Sri Lanka 0094
Sri Lanka ► D 0049
Sri Lanka ► A 0043
Sri Lanka ► CH 0041

Verkehr

Bus

Fahrten in Überlandbussen sind günstig, aber wegen hohen Unfallrisikos nur nervenstarken Reisenden anzuraten, Frauen sollten nicht alleine im Bus mitfahren (www.transport.gov.lk).

Mietwagen

Auch Mietwagen sind angesichts des chaotischen und gefährlichen (Links-)Verkehrs nur mit einem Chauffeur zu empfehlen und über Reiseagenturen (ab ca. 8000 Rs./Tag, 100 km inkl.) buchbar. Die Konditionen und Preise sind verhandelbar und richten sich nach der Mietdauer, der Art und dem Zustand des Wagens (z. B. Klimaanlage), einer km-Pauschale, ggf. zzgl. Steuern und Autobahngebühren, der Unterkunft für den Fahrer (wird in den meisten Hotels gestellt) und, am Ende nicht vergessen, dem Trinkgeld.

Taxi

Taxis verfügen nur in Colombo über Taxameter (60 Rs./km). Preisliste für Überlandstrecken ab Colombo: www.airport.lk. Bei den Three-Wheelers bzw. Tuk-Tuks (Dreiradtaxis) sind die Fahrpreise vorher auszuhandeln, Richtpreis ca. 50 Rs./km, in Colombo gibt es Tuk-Tuks mit Taxameter.

Zug

Ebenso günstig wie der Bus, aber bequemer und wesentlich sicherer ist die Reise mit dem Zug, der Colombo mit Kandy, Nuwara Eliya, Putta-

URLAUBSKASSE

Lunch Snack	ab 100 Rs.
Dinner (einfaches Lokal)	ab 200 Rs.
Dinner (Rice & Curry, Pizza, Pasta bzw. 3 Gänge)	ca. 1000–1200 Rs.
Dinner (gehoben, z. B. Meeresfrüchte)	ca. 2.000 Rs.
Kaffee/Tee	ca. 200 Rs.
Wasser	ca. 50 Rs.
Softdrink	ca. 100 Rs.
Bier	ab 300 Rs.
Importbier	ab 450 Rs.
Cocktail	500–1000 Rs.
Radmiete/Tag	ca. 300 Rs.
1 Taxifahrt (pro km)	60–90 Rs.
Tuk-Tuk (pro km)	ca. 50 Rs.
Mietwagen/Tag (m. Fahrer)	ca. 8000–12 000 Rs.
Mietwagen für halbtägige Nationalparkausflüge	ca. 5500–7000 Rs.
Nationalparkeintritte	i.d.R. ca. 10–15 US$

(Kinder die Hälfte, zzgl. 15 % VAT-Steuer/Gebühren, außerdem: Jeep mit Fahrer halbtags ab 5500 Rs. plus Trinkgeld)

lam, Trincomalee, Batticaloa, Jaffna oder Galle und Matara an der Südküste verbindet.

Information zu Fahrzeiten und Preisen: www.railway. gov.lk, Es gibt verschiedene Arten des Ticketkaufs mit jeweils unterschiedlichen Preisen für jeweils unterschiedlich teure Züge und Klassen. Man kann Fahrkarten online bis zu 30 Tage im Voraus auf slr.malindaprasad.com reservieren, am besten und billigsten ist es jedoch persönlich am Bahnhof (Risiko: keine Sitzplatzgarantie, v. a. in der Hochsaison mind. eine Stunde vorher erscheinen). Telefonisch geht es nur für einige Intercity-Züge auf der Strecke Colombo – Kandy.

Reservieren kann man einige Tage zuvor (ca. 50 % Preisaufschlag), oder man bucht am einfachsten und teuersten über Reiseveranstalter (noch einmal mind. 50 % Preisaufschlag), außerdem mit einheimischer SIM-card über Tel. 444 bei Dialog bzw. 365 vom Mobitel-Callcenter. Ein 2.-Klasse-Ticket von Kandy nach Badulla (die beliebteste Touristenstrecke, ca. 5–7 Std., 170 km) kostet 250–700 Rs., in der 1. Klasse etwa 460–1000 Rs. Colombo–Kandy schlägt mit 500–800 Rs. (1. Klasse) bzw. 190–280 Rs. (2. Klasse) zu Buche. Die Tickets sollte man immer aufheben!

Ein besonderes Erlebnis ist die Zugfahrt von Kandy ins Hochland nach Badulla (→ S. 200). Sinnvoll ist die App Trains Sri Lanka.

Der Spezial-Veranstalter Lernidee bietet organisierte Zugreisen in Sri Lanka an, sogar bis nach Jaffna: www.lernidee.de

Zeitverschiebung

Mitteleuropäische Zeit + 4,5 Std., während der europäischen Sommerzeit + 3,5 Std.

Zoll

Die Ausfuhr von Antiquitäten (alles, was älter als 50 Jahre ist) ist strengstens verboten. Infos: www.archaeology. gov.lk und www.customs.gov. lk sowie für die Rückreise in die EU: www.zoll.de, www. auswaertigesamt.de

Aktuelle Zollbestimmungen

www.zoll.de

www.bmf.gv.at/zoll

www.ch.ch/de/schweizer-zoll/

www.www.gov.uk/duty-free-goods

250 v. Chr.

500 v. Chr.

Ceylon wird von **Einwanderern** aus Nordindien besiedelt.

Ankunft des **Buddhismus** und Beginn einer kulturellen Blütezeit.

Anuradhapura wird politisches und spirituelles Zentrum der Insel und erlebt bis ins 11. Jh. hinein eine einzigartige Blütezeit. → S. 18

300 v. Chr.

11. Jh.
1505

Nach der Zerstörung Anuradhapuras wird **Polonnaruwa** neue Hauptstadt.

Die **Portugiesen** läuten die Ära des Kolonialismus ein. → S. 19

Zweite Blütezeit der Insel unter König **Para-krama Bahu I.** → S. 19

Die niederländische **VOC** (Vereenigde Oostindische Compagnie) dominiert den Gewürzhandel. → S. 101

12. Jh.
1658–1796

1802

Ceylon wird britische **Kolonie.** → S. 19

1915

Erste **Aufstände** gegen die Kolonialregierung.

Nach der Kaffeepest **Beginn des Teeanbaus** im Hochland. → S. 130

Ceylon erklärt die **Unabhängigkeit** von Großbritannien.

1867

1948

1960

1972

Sirimavo Bandaranaike wird nach der Ermordung ihres Mannes erste Premierministerin weltweit. → S. 68

Ceylon heißt fortan Sri Lanka und bekennt sich zum **Sozialismus**.

Premierminister Solomon Bandaranaike läutet die **Singhalisierung** der Insel ein.

Die **LTTE** beginnt ihren Kampf für einen unabhängigen Tamilenstaat im Norden. → S. 22

1956

1976

1983

Der Konflikt zwischen Tamilen und Singhalesen eskaliert – **Ausbruch des Bürgerkriegs.**
→ S. 22

1993

Der singhalesische Präsident **Ranasinghe Premadasa** fällt einem LTTE-Attentat zum Opfer. → S. 23

Der indische Präsident **Rajiv Gandhi** wird bei einem LTTE-Attentat getötet. → S. 23

1991

Bombenanschlag auf den Zahntempel in Kandy.

1998

2013

2004

Ein **Tsunami** zerstört
weite Küstenstriche
und fordert 35 000
Todesopfer allein in
Sri Lanka. → S. 75

Der **Southern Express-
way** von Galle nach
Matara wird als letztes
Teilstück der neuen
Autobahn vollendet.

Nach dem militärischen
Sieg über die LTTE erklärt
Präsident Mahinda Raja-
paksa den **Bürgerkrieg** für
beendet. → S. 20

Bei den Wahlen im Januar
löst **Maithripala Sirisena**
den autoritär regierenden
Mahinda Rajapaksa nach
zehn Jahren überraschend
ab.

2009

2015

2019

Ausnahmezustand nach einer islamistischen
Anschlagsserie auf drei Kirchen und drei
Luxushotels in Colombo und Negombo im
April: mehr als 300 Tote.

Der **Lotus Tower** wird mit
350 m als höchstes Bauwerk
des Landes in Colombo
eröffnet. → S. 29

2020

SRI LANKA EN DETAIL

Der sri-lankische **Mondstein** liegt am Eingang zu buddhistischen Tempeln (meist Ruinen, z. B. in Anuradhapura vor dem Mahasena-Palast, → S. 151). Wer diese buddhistische »Fußmatte« betritt, wird gereinigt, zumindest symbolisch. Man sieht hier die »vier edlen Wahrheiten« und den Kreislauf des Lebens: Im äußeren Ring lodern Flammen (das ewige Verlangen). Darunter symbolisieren Elefant, Pferd, Löwe und Büffel die vier Leidensstationen des Lebens (Geburt, Altwerden, Krankheit, Tod). Durch die Schlingpflanzen im nächsten Ring wird das Leiden im Leben erst verursacht (Begierde). Danach fliegen die Gänse (Weisheit, Abkehr von Begierde und Versuchung). Im Innenring prangt eine Lotosblüte (Reinheit und Lebenserfahrung). Der Tempelbesucher darf nun eintreten und über fünf Stufen der Weisheit ins Tempelinnere und zur Erleuchtung gelangen.

BILDNACHWEIS

Titelbild (Unawatuna Beach), AWL Images: Katja Kreder
AWL Images: Peter Adams 6, 7, Jane Sweeney 129, Travel Pix Collection 9, Ian Trower 60, 71 | Getty Images:
AFP/LAKRUWAN WANNIARACHCHI 113, De Agostini 195, EyeEm/Klemen Misic 58/59, iStockphoto/
MariusLtu 56/57, NurPhoto 173, Oliver Strewe 126 | HUBER IMAGES: Guido Cozzi 183, Jeremy Flint 147,
153, 161, 165, 171, Paolo Giocoso 187, James Lawman 5o, Massimo Ripani 162, Luigi Vaccarella 79 | imago
images: imagebroker 11, imago stock&people 220r | laif: hemis.fr/Gil Giuglio 206/207, hemis/Camille Moi-
renc 203, hemis/Paule Seux 154, Gregor Lengler 108, 114, Tuul & Bruno Morandi 217 | Look: robertharding
150, 157, 166 | mauritius images: age fotostock 77, Alamy/CPA Media Pte Ltd 220l, Alamy/Photo 12 218r,
Alamy/Ivan Vdovin 21, Hemis.fr 13, 125, 144, imageBROKER/Stefan Auth 224, Johnér 36, Travel Collection
89 | Martina Miethig 190 | picture alliance: CPA Media 18, DUMONT Bildarchiv/Martin Sasse 142, 184,
McPHOTO/blickwinkel 216l, Photoshot 69, Liszt Collection 97, John Warburton-Lee 83 | plainpicture:
AWL/Peter Adams 39, DEEPOL/David Santiago Garcia 17, Erwin 85, NaturePL/Edwin Giesbers 188, Nature
PL/Tony Wu 81, robertharding/Matthew Williams-Ellis 192/193, United Archiv 32 | privat 5u | shutterstock.
com: 7_11 105, Aliioss xeii 180, fokke baarssen 130, BlueOrange Studio 137, Boule 99, nilupul edirisooriya
73, eFesenko 93, Timo Gotz 94, Bartu Juan 176, milosk50 Klappe hinten, ngoc tran 51, Chr. Offenberg 117,
saiko3p 199, takepicsforfun 216r, Daniel Toft Romme 158, SamanWeeratunga 31, 200, Sergieiev 25, Svitlana-
Niko 219, thaagoon 27, Trphotos 3, VIIIPhotography 102, Thomas Wyness 35 | stock.adobe.com: ANTON
122, bayazed 139, creativefamily 222, dinozzaver 175, hecke71 132, javarman/Konstantin Kalishko 218l, Vi-
talii Karas 121, Olga Khoroshunova 110, krivinis 205, Nomad_Soul 49, photoaliona 140, scaliger/Viacheslav
Lopatin 107, Volodymyr Shevchuk 52, Vlada Z 100, Cezary Wojtkowski 43

Liebe Leserin, lieber Leser,

wir freuen uns, dass Sie sich für diesen MERIAN Reiseführer entschieden haben. Unsere Auto-
ren und Autorinnen sind für Sie unterwegs und recherchieren sehr gründlich, damit Sie mit aktuellen und zuverlässigen Informationen auf Reisen gehen können. Dennoch lassen sich Fehler
nie ganz ausschließen, zumal zum Zeitpunkt der Drucklegung die Auswirkungen von Covid-19
auf das Hotel- und Gastgewerbe vor Ort noch nicht vollständig abzusehen waren. Wir bitten um
Verständnis dafür, dass der Verlag keine Haftung übernehmen kann.

Ihre Meinung ist uns wichtig. Bitte schreiben Sie uns:
GRÄFE UND UNZER VERLAG
Postfach 86 03 66, 81630 München, www.merian.de

Leserservice
merian@graefe-und-unzer.de

PEFC/18-31-506

© **2021 GRÄFE UND UNZER VERLAG
GmbH, München**
MERIAN ist eine eingetragene Marke der
GANSKE VERLAGSGRUPPE.

1. Auflage 2021

Alle Rechte vorbehalten. Nachdruck, auch
auszugsweise, sowie die Verbreitung durch
Film, Funk, Fernsehen und Internet, durch
fotomechanische Wiedergabe, Tonträger
und Datenverarbeitungssysteme jeglicher
Art nur mit schriftlicher Genehmigung des
Verlages.
**Bei Interesse an maßgeschneiderten
B2B-Editionen:**
roswitha.riedel@graefe-und-unzer.de
Bei Interesse an Anzeigen:
KV Kommunalverlag GmbH & Co. KG
Tel. 0 89/9 28 09 60
info@kommunal-verlag.de

Verlagsleitung Reise: Philip Laubach
Verlagsredaktion: Stella Schossow
Autorin: Martina Miethig
Redaktion: bookwise, München
Bildredaktion: Marie Danner
Schlussredaktion: Ulla Thomsen
Reihengestaltung: Independent Medien
Design, Horst Moser, München
Karten: Huber Kartographie GmbH für
Gräfe und Unzer Verlag GmbH
Satz: bookwise, München
Herstellung: Renate Hutt
Druck und Bindung:
Printer Trento, Italien

Ein Unternehmen der
GANSKE VERLAGSGRUPPE